Juventude e Televisão

Isabel Travancas

Juventude e Televisão

Um estudo de recepção do
Jornal Nacional entre jovens
universitários cariocas

FGV
EDITORA

ISBN 978-85-225-0610-1

Copyright © Isabel Travancas

Direitos desta edição reservados à
EDITORA FGV
Rua Jornalista Orlando Dantas, 37
22231-010 — Rio de Janeiro, RJ — Brasil
Tels.: 0800-21-7777 — 21-2559-4427
Fax: 21-2559-4430
e-mail: editora@fgv.br — pedidoseditora@fgv.br
web site: www.editora.fgv.br

Impresso no Brasil / *Printed in Brazil*

Todos os direitos reservados. A reprodução não autorizada desta publicação, no todo
ou em parte, constitui violação do copyright (Lei nº 9.610/98).

Os conceitos emitidos neste livro são de inteira responsabilidade da autora.

1ª edição — 2007

Preparação de originais: Claudia Martinelli Gama

Editoração eletrônica: FA Editoração

Revisão: Aleidis de Beltran e Fatima Caroni

Capa: Adriana Moreno

Ficha catalográfica elaborada pela Biblioteca
Mario Henrique Simonsen/FGV

Travancas, Isabel Siqueira
    Juventude e televisão: um estudo de recepção do Jornal Nacio-
nal entre jovens universitários cariocas / Isabel Travancas — Rio
de Janeiro : Editora FGV, 2007.
    140p.

    Inclui bibliografia.

    1. Televisão e juventude. 2. Jornal Nacional (programa de televi-
são). I. Fundação Getulio Vargas. II. Título.

CDD — 301.4315

Sumário

Prefácio – O telespectador como protagonista   9
Eugênio Bucci

Agradecimentos   21

Apresentação   25

1. O *Jornal Nacional* e os jovens do Rio   29
A audiência do *Jornal Nacional*   32
Um retrato da cidade   34
Os questionários   38

2. A TV e a notícia   45
Um dia na redação do *JN*   46
Os conceitos de notícia e o *Jornal Nacional*   52
Brasil e televisão, televisão = Brasil   56

3. Os filhos da televisão   61
Modos de ver   69
A entrada na universidade   73

A escolha do curso   76
Consumo cultural   80
Política   83

Considerações finais   87

Referências bibliográficas   97

Anexo 1 – A cobertura das diretas: memória em pauta   107

Anexo 2 – Questionários e estatísticas   115

Anexo 3 – Dados do Ibope sobre o *Jornal Nacional*, de 1-1-2004 a 20-6-2004   127

Anexo 4 – Entrevista com William Bonner, editor-chefe do *Jornal Nacional*   129

Televisão

Quero ser uma televisão
porque tem ação
e também emoção
É só apertar o botão
que fala de montão
sobre o Japão
e canta uma canção
Pensando bem
é ruim ser televisão
porque não tem coração.

Sofia

Sin una audiencia, sin la presencia de espectadores, estas
joyas no alcanzarian la función para la qual han sido creadas.
El espectador, por tanto, es el artista final, su vista, su
corazón, mente con una mayor o menor capacidad para
extender la intención del creador da vida a las joyas.

Salvador Dali

Prefácio

O telespectador como protagonista

Eugênio Bucci*

Costuma-se dizer que ele é o maior e o melhor telejornal jamais feito no Brasil. É pouco. Visto todas as noites por uma teleplatéia que bate na casa dos 30 milhões de cidadãos, o *Jornal Nacional* é o principal concentrado de notícias servido hoje ao público brasileiro. Daí a extrema atualidade deste livro de Isabel Travancas, *Juventude e televisão*, sobre o *JN*. A partir de uma pesquisa antropológica junto a telespectadores universitários, ela acrescenta novos dados para a compreensão do que representa esse que é o programa jornalístico mais influente do país. Para melhor aquilatar o valor da contribuição de Isabel Travancas, é conveniente olhar um pouco mais de perto a evolução e o amadurecimento do grande telejornal da Globo. Comecemos pelo reconhecimento dos trunfos que ele conquistou. É um reconhecimento devido.

Em relação aos diários impressos, que são locais, ancorados cada qual na cidade de origem, o *JN* leva a vantagem intransponível de ser verdadeiramente nacional. Comparado às revistas semanais, tem a vantagem óbvia de ser diário. Confrontado com os jornais impressos e as revistas, tem a vantagem de falar para muito, mas muito mais gente.

Além da abrangência mais ampla, mais maciça e mais assídua, o ponto que mais o distingue é que sua qualidade também mudou. Há 20 anos, ou até o início

---

* Jornalista, crítico de televisão, doutor em ciências da comunicação pela ECA, USP.

dos anos 1990, ele era sinônimo de fraude e empulhação. Podia ter mais audiência, mas não tinha esse atributo fundamental do jornalismo que é a credibilidade. Não era respeitado em termos de fidelidade aos fatos, ao menos junto aos públicos mais informados. Não era sem motivo. Naqueles tempos, havia mais realidade nas novelas do que nos noticiários de TV, assim como havia mais ficção nos noticiários do que nas novelas. O *Jornal Nacional* era de um governismo alucinado, mesmo nos tempos em que nada era mais alucinado que os governos. O cidadão ligava o telejornal e logo desconfiava que alguém ali estava tentando enganá-lo sobre algum assunto que ele não sabia bem qual era, por que era, onde é que era, mas que estavam tentando tapeá-lo, isso ele intuía rapidamente.[1] Em 2006, a fisionomia do telejornalão já era outra. Após uma seqüência de reformulações, plásticas e estruturais, passou a construir uma credibilidade que jamais teve.

Durante as eleições de 2002, sua cobertura foi reconhecidamente mais equilibrada que as anteriores e, em seguida, o olhar que lançou sobre o primeiro governo Lula caminhou no mesmo diapasão. Foi assim, pelo menos, até meados de 2006, quando a disputa eleitoral mudou um pouco esse comportamento, de que tratarei logo adiante. Até ali, o *JN* retratou o governo com um claro esforço de equilíbrio, o que foi percebido e registrado por setores expressivos do próprio governo e da oposição. Sem o oficialismo que antes fazia dele uma versão em vídeo de *A Voz do Brasil*, soube informar o país honestamente. Sem a velha doença da adulação, embora fosse indisfarçável o seu entusiasmo editorial com a política econômica abraçada pelo governante operário, prestou um bom serviço informativo, que em nada lembrava o servilismo de antigamente.

Não é de se descartar a hipótese de a seqüência de reformulações que ele sofreu ter sido motivada justamente por isso, quero dizer, pela constatação de que o maior telejornal do Brasil padecia de carência crônica de respeitabilidade. As reformulações foram bem-sucedidas. Buscando construir a credibilidade essencial, trouxeram um cuidado maior em separar as falas de opinião e de informação. O recurso malicioso de se publicar opinião sob o manto da informação objetiva refluiu. O noticiário se livrou da subserviência solícita ante o Executivo federal.

---

[1] Um dos primeiros estudos de recepção a demonstrar esse distanciamento cauteloso que o telespectador sabia guardar em relação ao *Jornal Nacional* pode ser lido em Silva (1985).

O reconhecimento de seus trunfos deve ir ainda mais longe. Segundo um velho esquematismo das análises dos *media*, à televisão caberia massificar o que o diário impresso noticia. A fórmula pode ter tido sua validade em algum outro tempo, em algum outro lugar, mas no Brasil não funciona mais – se é que um dia funcionou. Aqui, revista semanal dá furo nos diários e televisão descobre fatos bombásticos que aos jornais impressos caberá apenas interpretar um dia depois. Ou só dois dias depois. Não há (mais) esse tipo de divisão de tarefas entre os diferentes meios de comunicação do jornalismo brasileiro. Não é (mais) verdade que a TV não pode analisar o tema da notícia. Não é mais verdade que o jornal não pode explicar os acontecimentos pela imagem. Não é (mais) verdade que algum veículo esteja dispensado de procurar o furo. Depois da internet, não é (mais) verdade um monte de outras coisas. Daí que um telejornal pode muito bem informar em primeira mão, lançar as vias principais de entendimento do assunto e, com isso, pautar os outros veículos. O *Jornal Nacional* é a prova disso. Sem demérito de nenhuma outra, pode-se dizer que ele é a instituição jornalística central no Brasil de hoje. Sua centralidade na comunicação social brasileira ultrapassa os escaninhos dos manuais dos comunicólogos.

Já se profetizou mais de uma vez o declínio de audiência para a TV aberta. Trata-se, como se sabe, de uma tendência mundial. Até hoje, contudo, o *JN* mantém a liderança em relação aos seus concorrentes de TV aberta ou fechada e, de uns tempos para cá, afirmou sua centralidade no campo do jornalismo em geral. Digo tudo isso para ser explícito. Os méritos do *Jornal Nacional* não podem mais ser ignorados por aqueles que cuidam de analisá-lo. O dado novo do jornalismo na televisão brasileira, dado que se instaurou de modo mais definido a partir do final da década de 1990, não é outro senão esse: o *Jornal Nacional*, em relação ao que era antes, é bom, é bem-feito, e retira seu sucesso de sua competência e não de apelos sensacionalistas. Ou se admite isso, com todas as letras, ou se abandonam as condições de criticá-lo com maturidade e honestidade intelectual.

Passemos, então, às críticas.

Desvios no caminho

Quando olhamos de longe a trajetória por ele descrita entre 1989 e 2006, notamos uma linha evolutiva mais ou menos contínua em busca da correção informativa e da credibilidade como um valor – valor ético e, também, valor de mercado. Há, na base desse deslocamento, uma razão calculada bastante simples: um noticiário não sobrevive na democracia sem credibilidade; portanto, trata-se de construí-la onde ela faltava. Ao longo do caminho dessa linha mais ou menos contínua, o *JN* cometeu erros, naturalmente. Poucos dias antes do primeiro turno das eleições de 2006, um erro memorável fez com que ele recuasse a patamares éticos inferiores à média registrada durante a campanha de 2002. A edição do dia 29 de setembro de 2006, uma sexta-feira, pode ser vista como a síntese de um desvio que se verificou de modo mais diluído no decorrer da campanha. Naquela noite, o *JN* fez proselitismo contra um dos candidatos, Luiz Inácio Lula da Silva. Deixou de lado a imagem de apartidarismo que se lhe fez tão crucial e trocou-a pela eloqüência, ainda que contida, dos doutrinadores, ainda que discretos.[2]

Naquela noite, sexta-feira, 29 de setembro, foram ao ar as fotografias do dinheiro encontrado duas semanas antes com dois integrantes da campanha do PT dispostos a comprar um dossiê contra José Serra, candidato do PSDB ao governo do estado de São Paulo, no episódio que ficou nomeado como "o escândalo do dossiê". Foi de fato um escândalo. Os petistas foram presos e o dinheiro, retido, num caso que se transformou, com justiça, num dos principais focos da imprensa durante a campanha de 2006. A sua cobertura exaustiva se tornou um dever ético do jornalismo político. As imagens das notas de dólares e reais (num total de R$ 1,7 milhão) não tinham sido divulgadas antes porque eram mantidas em sigilo pelo comando da Polícia Federal. Passados 15 dias das prisões, caíram nas mãos dos jornalistas por iniciativa de um delegado, também da PF, o mesmo que comandara a operação de apreensão das cédulas e dos seus portadores. O delegado, porém, quis se manter incógnito: ao "vazar" as imagens, escondeu-se atrás de uma versão falsa, montada com o conhecimento de repórteres, de que as fotos lhe teriam sido roubadas.

Com pilhas e pilhas de dinheiro – esse ícone imbatível para representar corrupção no ordenamento sígnico da televisão brasileira –, aquela foi uma edição retumbante. Que, no entanto, soava estranhamente parcial, ou mesmo partidária. Deu-se uma onda de indignação em algumas parcelas da audiência. O *JN*

---

[2] A observação da cobertura das eleições de 2006 me levou a reescrever parte deste prefácio. Deu-se o seguinte: uma primeira versão foi enviada à editora em fevereiro de 2006 e lá se encontrava para ser publicada, mas, diante do comportamento do telejornal quando da aproximação do primeiro turno, comportamento que me pareceu atípico, solicitei o texto de volta à editora e fiz nele vários acréscimos e modificações.

recebeu, em seguida, pelo menos duas acusações pesadas. A primeira dizia que ele tinha sido conivente com a falsa história do delegado (a segunda tardará um pouco mais para ser aqui analisada). De poderoso efeito retórico, a primeira acusação acabou por se revelar discutível. Não é exatamente verdadeiro que o *JN* tenha reforçado a mentira do delegado. Na sexta-feira, ele não a reproduziu e também não a desmentiu: limitou-se a declarar que obtivera as imagens de uma fonte graduada da polícia, sem dizer que essa fonte inventara uma desculpa esquisita. Só no dia seguinte, sábado, 30 de setembro, véspera da votação do primeiro turno, identificou o delegado como o responsável pelo vazamento e informou corretamente que ele tinha mentido ao declarar que sofrera um furto. Se o *JN* errou na sexta, corrigiu-se no dia seguinte. Corrigiu-se a tempo.

Mesmo assim, errou na mão. Não por ter dado ouvidos, ou melhor, microfones, à trama fantasiosa do delegado. Isso não foi feito. O erro se apoiou no conjunto da edição daquela noite, que deixou no ar um claro desequilíbrio. Convém lembrar quais foram as peças estruturantes do jornal daquela noite. Após a reportagem sobre as fotos do dinheiro, com oito minutos e uns poucos segundos de duração, em que fontes da situação e da oposição tiveram direito de se manifestar, outra reportagem, igualmente extensa, tratou do debate entre os candidatos à presidência que se realizara na emissora na noite anterior. Nessa reportagem, Lula, que não tinha ido ao debate, levou a pior, inapelavelmente. Embora lhe tenha sido dado um espaço para se justificar, numa declaração feita no meio da rua, em meio às atribulações características do corpo-a-corpo das campanhas, as falas dos outros candidatos, em estúdio, em tom professoral e solene, revestiam-se de mais aparência de verdade, quase de juramento, e foram o bastante para condená-lo moralmente pela ausência.

Pouco mais adiante, os candidatos de oposição teriam mais uma vez o direito ao microfone, quando aquela edição do *JN* se aproximava do final. Os três principais candidatos de oposição – Heloísa Helena, Cristovam Buarque e Geraldo Alckmin – falaram novamente, agora flagrados em suas andanças de campanha. Tiveram, cada um, entre 17 e 20 segundos para se pronunciar sobre as fotografias do dinheiro, o dinheiro de novo. Uns apontaram "crimes" no episódio. Ora, sabe-se que o porte de papel-moeda e a compra de informações, em si, não constituem obrigatoriamente crime, ainda que possam guardar conexões com crimes, mas o ponto não foi esclarecido ao telespectador. Com um agravante: nesse momento do telejornal, a ninguém da candidatura do PT foi permitida a palavra. Não se observou o contraditório. Ao fim da edição daquela sexta-feira, os apresentadores fecharam o programa desejando "bom voto" um ao outro, dizendo "bom voto no domingo" como quem diz "boa-noite", e desejando "bom voto" também para o Brasil. Ficou no ar, sem que ela fosse anunciada expressamente, uma reprovação ao candidato Lula – mesmo sem ter sido explicitada, essa reprovação foi inequivocamente composta no correr da edição. A antipatia a um dos candidatos mostrou-se aparente, maculando a imagem de isenção e imparcialidade que compõe a credibilidade jornalística.[3] Foi um tombo. A edição de sábado, é verdade, reparou parcialmente a prática do vício do partidarismo, mas esse ainda voltaria, em doses menores e muito mais sutis, em edições logo após o primeiro turno.

Estudos posteriores revelarão onde mais o vício do partidarismo ficou exposto, quais foram as razões do desvio e quais foram os danos que disso resultaram à credibilidade do *JN*. Interpretar além daqui é mais difícil, mas não é impossível ensaiar elementos de um diagnóstico. É possível que, abandonado o manto do governismo do passado, o organismo tenha se dado por desgarrado, desprotegido, e tenha regurgitado um classismo ancestral, como que por reflexo, numa adesão descuidada a teses e a trejeitos discursivos dos representantes dos pactos mais convencionais de poder. Haveria, nesse caso, um comprometimento entre o programa da Globo e o velho poder político, que estaria apenas transitoriamente alijado do Estado.

Interessante, a esse respeito, é notar como, na edição do dia 29 de setembro, numa das passagens da matéria sobre o debate da véspera, o candidato Geraldo Alckmin é forçadamente chamado apenas de Geraldo, numa forma de tratamento que serviu de ressonância à campanha do PSDB. O leitor há de se lembrar que, na época, em seu horário de propaganda política na televisão e no rádio, o PSDB, partido de Alckmin, insistia em rebatizar seu candidato, antes conhecido pelo sobrenome difícil, com esse prenome, Geraldo, com o intuito de torná-lo mais familiar ao repertório popular. Nenhum outro veículo jornalístico se referia a ele pelo prenome, o que por sinal demarcava uma distinção entre o discurso jornalístico e o discurso publicitário; nenhum, só o *Jornal Nacional*. Do mesmo

---

[3] Para essa perspectiva de leitura do noticiário, colaborou a pesquisadora do Núcleo de Estudos sobre Mídia e Política da UnB, Liziane Guazina. Agradeço também a Aloísio Milani a revisão atenta, que me impôs diversas correções.

modo, não custa anotar, o *JN*, como outros veículos, permitiu-se fazer dueto com a campanha do PSDB, ao enfatizar diariamente o número de dias que já era passado da prisão dos envolvidos no chamado "escândalo do dossiê" sem que – ou para que – essa ou aquela resposta para essa ou aquela pergunta tivesse aparecido. Claro que a passagem do tempo fazia parte da notícia, era preciso sublinhá-la, mas a enunciação da passagem dos dias, no *JN*, parecia não ter preocupação de se diferenciar do linguajar da publicidade política. Confundiu-se, desse modo, com a enunciação partidária da campanha do PSDB.

O movimento tem lá sua lógica. Tendo expelido de si a figura do senhor governamental, um superego (ou um mestre a quem servir) desalojado no caminho, o discurso do *JN* não teria superado a necessidade estrutural de um senhor, e foi buscá-lo noutro senhor, na oposição, como se não se visse autorizado a se pôr como fala no espaço público segundo sua própria autonomia. Como se não suportasse a solidão da independência. A esse novo senhor, oposicionista apenas transitoriamente, ele teria passado a servir pela satanização dos novos titulares do poder, temporariamente postos aí, cujos deslizes denotariam ameaças remotas, mas potenciais, à ordem. Em outras palavras, ele teria embarcado, no susto e no escuro, num "antichavismo" sem objeto, menos por premeditação e mais por força de um instinto preventivo. Isso, de todo modo, só se saberá no futuro. Por enquanto, não passa de uma hipótese débil. A se examinar melhor.

O avião que caiu no mesmo dia

De um jeito ou de outro, a edição do dia 29 de setembro incorreu nesse desvio, e o maior prejudicado pelo desvio – e talvez o único – acabou sendo o próprio *JN*. Sua direção teve de se explicar no calor de inúmeras polêmicas que se seguiram ao primeiro turno, em diversas publicações impressas e eletrônicas (e o modo como a discussão se alastrou foi um bom indicador da saúde do debate público no Brasil, que vai melhor do que costumava ir). Houve mesmo quem acusasse o telejornal de ter sonegado ao seu público a notícia da queda do avião da Gol, naquela mesma sexta à tarde, matando 154 pessoas, para com isso impedir que outro acontecimento de grande proporção rivalizasse em destaque com as fotos do dinheiro do dossiê. Essa, a propósito, foi a segunda acusação que o *JN* sofreu – só aqui chegamos a ela. Novamente, uma acusação ociosa e, não obstante, de imensa repercussão.

Rapidamente ficou demonstrado que, no instante em que o *JN* foi ao ar, não se dispunha de dados sobre o acidente, mas isso não dissipou as nuvens pesadas da suspeição pública. O *JN* foi crucificado. Naquela sexta-feira, o *Jornal da Band* deu a notícia no final de sua edição, e o fez em palavras telegráficas, de não mais que três linhas, lidas pelo apresentador. Não havia imagens, não havia comprovação oficial. Supor que essa nota telegráfica pudesse ter o poder de retirar um grama do impacto causado pelas fotografias das cédulas parece uma piada mórbida. Também no *Jornal da Band*, é bom saber, a manchete ficou a cargo das fotos do papel-moeda. O erro do *JN* na noite de 29 de setembro não foi ter omitido o acidente, nem ter protegido o delegado: o erro foi ter posto no ar uma edição tendenciosa – o que despertou desconfiança geral, mas uma desconfiança pouco elaborada: os desconfiados não sabiam apontar exatamente por que desconfiavam.

Alguns disseram que as fotos emergiram por força de um complô "das elites" para "tentar melar" o resultado das eleições. Os dias subseqüentes provaram que nada disso fazia muito sentido. Uma autoridade "vaza" um dado confidencial a meia dúzia de repórteres sem se deixar identificar: isso não é complô; infelizmente, é a rotina do jornalismo pátrio, adepto do vale-quase-tudo em *off*. Depois, não se pode mais aceitar a tese de que a informação, se vinda em hora errada, atrapalha a democracia. A informação jornalística não tem contra-indicação: esse dado simplíssimo ainda não foi processado e assimilado pelos que caraminholam tramóias conspiratórias a cada nova notícia que adentra o espaço público. O problema da democracia não é o excesso de informação, mas a falta de informação. Informação não faz mal. A sua falta faz mal. O seu esquartejamento faz mal – noticia-se um pedaço e se esconde outro pedaço, de modo desonesto.

A notícia traz à luz um episódio incômodo? Não há problema. Quanto mais se fala de um episódio incômodo, melhor. No tempo próprio, os entendimentos serão decantados e o bom senso vai se reacomodar. Se há uma derrotada na experiência eleitoral de 2006, no Brasil, essa derrotada é justamente a veleidade daqueles que julgavam, à esquerda e à direita, que os meios de comunicação formatam unilateralmente a mentalidade do público. Saíram derrotados os que acreditavam no mito de que o sistema de comunicação admite a manipulação dos tolos pelos espertos. Não adianta: a verdade, ainda que precária, acaba aparecendo. No segundo semestre de 2006, foi isso o que vimos. Os (de)formadores de opinião perceberam, a contragosto, que não o são. Ou, ao menos, não são pleni-

Cadê a diversidade?

Num país que não lê, ou que lê pouco, a informação veiculada pela TV, a assumir a centralidade do campo jornalístico, aí comparece com tons melodramáticos e um andamento típico de entretenimento – o que é próprio da natureza da televisão e, sendo-lhe próprio, é quase inevitável. A inexistência de contrapartidas ou de contrapontos a esse tipo de modulação espetacular da notícia – inevitavelmente espetacular, vale repetir – é o maior gargalo para um ambiente mais equilibrado, mais universalizado e mais crítico no que se refere ao acesso à informação. Sem esses contrapesos, o jornalismo é menos debatido do que deveria ser.

A construção do sentido da informação jornalística requer a participação do cidadão tanto na sua confecção quanto no seu entendimento. O cidadão deve ser o protagonista e o receptor do jornalismo. A narrativa jornalística é, por definição, uma narrativa que se tece pela participação. Ela mobiliza mais que anestesia. Acontece que a televisão ou, para sermos minimamente específicos, a televisão segundo o modelo consagrado pela Rede Globo no Brasil, por mais que cultive valores como responsabilidade social, cidadania etc. – e ela os cultiva –, é insuficiente para a construção dessa narrativa social da informação. E ainda repousa sobre um trono com tintas de monopólio.

O texto escrito, seja ele impresso ou eletrônico, é vital. É preciso que existam redes em condições reais de competir entre si, o que contribui para um espaço público menos monolítico. O debate dos *media*, pela própria TV, também, claro, não pode faltar. A desconstrução em público do discurso jornalístico, sobretudo do discurso jornalístico tal como ele se põe na televisão, deveria ser um exercício regular. Para sorte do público, foi mais ou menos isso que se viu durante a cobertura eleitoral: o jornalismo virou notícia, pelos seus defeitos, não importa, ou pelos seus defeitos presumidos, também não importa, o fato é que virou notícia e, tendo virado notícia, virou tema de debate generalizado. Poucas vezes se discutiu tanto o jornalismo. Infelizmente, essa discussão ainda não é a regra entre nós, mas ainda ocorre como excepcionalidade.

Um país não se faz só de homens e livros, por certo, mas também não se faz apenas com uma emissora e uma multidão de telespectadores. É pouco. E estamos

18   JUVENTUDE E TELEVISÃO

vivendo desse pouco. O *Jornal Nacional* tem se recuperado, um tanto aos trope-ços, do seu déficit histórico de credibilidade, mas o Brasil ainda permanece em déficit no que se refere ao acesso à informação. É um acesso precário, quando existe. E, se algum existe, ele se deve em boa parte ao velho *JN*. Pontos para o *JN* – mas não é bom para ninguém que as pessoas se informem apenas por ele.

Neste livro, o telespectador vai tomar a palavra

Esta nova pesquisa antropológica de Isabel Travancas investiga a relação dos estudantes universitários do Rio de Janeiro com o carro-chefe do jornalismo da Globo. Por meio dessa abordagem nada usual, ela descortina um pouco mais o profundo e sólido enraizamento do *JN* na sociedade brasileira. Indo a campo, visitando a casa dos telespectadores, conversando demoradamente com eles, a pesquisadora encontra *in loco* os prós e os contras da centralidade do *Jornal Nacional* no universo da imprensa.

Primeiro, Isabel conseguiu que 263 alunos de cursos universitários respon-dessem a um questionário. Embora o conjunto não seja – como não pretende ser – uma amostragem adequada para conclusões estatísticas quantitativas, há resul-tados expressivos que podem tranqüilamente servir de pistas e de indicações. Do total dos que responderam ao questionário, 95,1% afirmam que assistem ao *JN*. Desses, nada menos que 60% costumam vê-lo todos os dias ou com freqüência. São 67,3% que declaram gostar do programa. Para 33,5%, ele é informativo. Para 8,7%, é tendencioso. Para 7,2%, é superficial.

O questionário, porém, foi apenas o primeiro passo da pesquisa que se estendeu por um ano. Graças a ele, Isabel encontrou 43 voluntários para serem entrevistados em profundidade. Selecionou 16 e, além de conversar com todos, assistiu ao lado deles, na casa de cada um deles, a mais de uma edição do noticiá-rio. A partir daí, foi colhendo depoimentos, desenvolvendo observações e mon-tando relações que descortinam um universo pouco conhecido do leitor (e telespectador) comum. A começar pela verificação empírica de que o programa é central não apenas no âmbito do espaço público brasileiro, o que soa um tanto abstrato, mas também no cotidiano dos universitários do Rio. "Eu me pergunta-va no início deste trabalho", escreve a autora, "se os jovens assistiam ao *Jornal Nacional* e o que eu faria se, durante a pesquisa, descobrisse que eles não o vêem. Mas, aos poucos, não só fui confirmando o quanto o *JN* é uma referência tam-

PREFÁCIO

19

bém para eles, como ele é fonte de sentimentos os mais variados, que vão do amor ao ódio. Jamais de indiferença".

No seu percurso, Isabel Travancas também tomou contato com as barreiras erguidas contra a universalização do acesso à informação no Brasil. Na vida concreta. Uma de suas entrevistadas, citada no livro como "L.", estudante de pedagogia, conta que gostaria de ter assinatura de um diário mas, no lugar em que mora, Cidade de Deus, "não entregam o jornal". Assim, L. tem acesso a jornais na casa da vizinha, que os compra regularmente e "permite uma leitura comunitária", ou no lugar em que trabalha. L. afirma gostar de ler e gostaria de ler mais, apesar dos obstáculos materiais que encontra. É alguém que se diferencia do meio em que vive, um meio condenado à desinformação, onde apenas a TV cumpre o papel de contar o que se passa no mundo. Isabel escreve que "ficou evidente, com a pesquisa, a supremacia da televisão sobre os outros meios de comunicação, ainda que esta hegemonia seja nuançada em relação às classes sociais". Não pode deixar de concluir: "quanto mais pobre e com mais baixa alfabetização, maior o peso da televisão".

Algumas outras sutilezas cortantes, sistematicamente ignoradas, comparecem a este estudo de modo suficientemente realçado. Por exemplo: o efeito de tranqüilizante do olhar que um telejornal pode ter. E tem. Há aqui o sinal claro de que a natureza dos telejornais guarda uma contradição congênita: informar é pôr em alerta e, muitas vezes, os telejornais, com o cardápio repleto de notícias, servem para o contrário. Eles divertem, pacificam, neutralizam, relaxam. Não mobilizam o público; em lugar disso, convidam-no a adormecer. Os próprios telespectadores, em seus depoimentos, classificam o noticiário como um programa de entretenimento. "Vários jovens acreditam que a televisão continua sendo fonte de prazer, diversão e relaxamento", diz Isabel. "Dentro dessa perspectiva está enquadrado também o *Jornal Nacional*. Não é apenas a novela que é classificada como entretenimento ou forma de relaxamento da rotina estressante do dia-a-dia." Ela continua, mais adiante: "Não é à toa que alguns comentavam que, embora o jornal mostrasse muitas tragédias e notícias negativas, assistir a ele dava uma sensação de tranqüilidade. E comentavam que viam o *JN* também para relaxar de suas rotinas estressantes e corridas de uma grande metrópole".

* * *

O trabalho da antropóloga Isabel Travancas não vem para consagrar o *Jornal Nacional*, embora ela não negligencie os méritos consolidados desse grande telejornal. Sua perspectiva analítica ilumina sem paixão e sem partidarismos ângulos diversos da relação entre o *JN* e os universitários do Rio de Janeiro. Não fica só nisso. O passado do telenoticiário é fartamente discutido, de um modo tal que o leitor tem acesso a um balanço equilibrado do que ele representou na história recente do país. O presente é também examinado, num percurso que inclui uma visita à redação do telejornal, ao longo de um dia inteiro de trabalho, e uma longa entrevista com o âncora e editor-chefe do programa. Aqui, o leitor-telespectador descobrirá que não se apreciam índios que usam chinelo na edição final do *Jornal Nacional*. A consciência do formato acoplado à forma geral do espetáculo está presente, ela demonstra, o tempo todo, durante a confecção do programa. Do mesmo modo, essa consciência se manifesta nos núcleos de recepção que ela cuidadosamente visitou.

Aqui não devo me estender. Deixo a continuação para Isabel Travancas. Ou melhor: deixo a ela o que ela já tem, uma pesquisa original sobre os processos que definem o modo pelo qual se dá a recepção do *Jornal Nacional* entre integrantes anônimos do público. Às vezes, ir atrás de quem vê e ouve a notícia, postado diante da tela da TV, é mais vital do que ir atrás da notícia. Às vezes, só às vezes. Este livro registra de modo muito feliz e certeiro uma ocasião dessas. Com a palavra, Isabel Travancas. Com a palavra, o telespectador. Aqui, diferentemente do que vemos todo dia na televisão, o telespectador é o protagonista.

Agradecimentos

Se alguém um dia pensou que pesquisa fosse um trabalho solitário e individual, enganou-se solenemente. Basta lembrar a quantidade de instituições e pessoas que me apoiaram e ajudaram ao longo de um ano de trabalho.

Queria começar agradecendo ao meu orientador, professor Gilberto Velho, que não apenas tornou este trabalho viável, como me estimulou a realizá-lo, acompanhando de perto a pesquisa, curioso em saber seus resultados e me mostrando, com sua sabedoria, que não só as sociedades em que vivemos são complexas, como as pessoas também. Sem a sua orientação, esse percurso teria sido bem mais difícil e solitário. Para ele, os agradecimentos serão sempre poucos.

Agradeço ao Programa de Pós-Graduação em Antropologia Social do Museu Nacional da UFRJ ter-me acolhido e ao meu projeto, permitindo-me usufruir como pesquisadora daquela instituição. Aos seus funcionários, em particular a Cristina, Izabel e Karla, da biblioteca, o meu muito obrigada.

O Conselho Nacional de Desenvolvimento Científico e Tecnológico (CNPq) me concedeu, durante um ano, uma bolsa de pesquisa que me permitiu trabalhar em tempo integral e reafirmou o meu sentimento de que trabalho nem sempre é fardo ou sacrifício. Ao contrário, ele pode ser divertido e extremamente prazeroso. Por tudo isso, o seu auxílio financeiro foi fundamental.

Ter participado como aluna do curso Indivíduo e Sociedade do professor Gilberto Velho, em 2003, foi providencial para o desenvolvimento da pesquisa.

Agradeço aos colegas o convívio estimulante e, principalmente, os comentários e sugestões ao projeto, ainda em fase inicial.

As participações no Grupo de Trabalho Antropologia e Comunicação da VIII Reunião de Antropólogos do Norte e Nordeste (Abanne), realizada em São Luís, em julho de 2003, e no Grupo de Trabalho Antropologia e Imagem da V Reunião de Antropologia do Mercosul (RAM), realizada em Florianópolis, em novembro de 2003, foram importantes pelas críticas e sugestões que recebi.

O Centro de Documentação da TV Globo abriu generosamente suas portas para mim. Nele pude rever várias edições antigas do *JN* e pesquisar com tranqüilidade. Agradeço especialmente à sua diretora Maria Alice Fontes, a Rita Marques, às pesquisadoras Macida Porscher e Ana Paula Mandina e ao restante da equipe o apoio e o interesse em colaborar.

Foi um privilégio ter podido acompanhar durante um dia inteiro a produção do *Jornal Nacional*. Isso só foi possível graças à disponibilidade e à generosidade de William Bonner em me receber. Usufruí de toda a liberdade dentro da redação. Fui apresentada a toda a equipe, assim como acompanhei todos os procedimentos que envolvem a feitura do telejornal. Desde a reunião de "caixa" pela manhã, passando pelas matérias que chegam por satélite, até a reunião de pauta e a edição das notícias. Ainda que nossas perspectivas sejam distintas, em função das carreiras que escolhemos, queria deixar registrado o enorme respeito que sinto por esses profissionais chefiados por Bonner. A todos eles, só posso agradecer.

A pesquisadora Sílvia Borges foi extremamente generosa comigo, ajudando-me a desvendar um pouco do universo da pesquisa quantitativa e fazendo sugestões preciosas. Ao estatístico Fávio Toda, agradeço o interesse pela minha pesquisa e a competência em transformar os 264 questionários em gráficos e mapas inteligíveis.

Agradeço a todos os professores da PUC-Rio, UFRJ, Gama Filho e Estácio de Sá a acolhida e a disponibilidade em ceder seu tempo de aula para que eu pudesse conversar com seus alunos. Agradeço mais especialmente a Maria Tavares Cavalcanti, Rosália Duarte e Leopoldo Guiller.

Agradeço também aos alunos das muitas turmas que freqüentei por terem aceitado responder ao meu questionário.

Agradeço à professora Rosália Duarte a oportunidade de apresentar o meu trabalho ao grupo de pesquisa que coordena sobre mídia e educação. Não es-

AGRADECIMENTOS

queço a simpática acolhida, assim como o interesse pelo tema e as discussões que ele suscitou.

A professora Ondina Leal me recebeu com atenção e interesse quando eu ainda estava numa etapa bem inicial da pesquisa. Sou grata pelos seus comentários, que só confirmam que o seu trabalho pioneiro sobre a novela das oito continua sendo referência para os estudos de recepção.

Luís Paulo Montenegro, do Instituto Brasileiro de Opinião Pública (Ibope), foi extremamente solícito aos meus pedidos e, nessa empresa, pude contar com a ajuda de Dora Câmara, Thiciana Simão e, principalmente, Marco Formenton, a quem recorri várias vezes para tirar minhas dúvidas.

A Elisa Houaiss e Gustavo Peres Lopes, do Instituto Pereira Passos, agradeço a maneira atenciosa com que me receberam e me ajudaram a decifrar os mapas da cidade.

Agradeço à "equipe" de transcrição das fitas, em especial a Andréa Tubbs, Maria Inês Rocha Cavalcanti e Ana Carolina de Oliveira.

Aos numerosos amigos que durante toda a elaboração do trabalho se mostraram interessados em me ouvir, em ler meus rascunhos e em compartilhar minhas dificuldades – em especial, Patrícia Farias, Marici Passini, Maria Ester Rabelo, Maria Cláudia Coelho e Sandra Carneiro.

Não poderia deixar de agradecer ao Chico, que, durante a realização da pesquisa, assim como no período de redação deste livro, me deu todo apoio e estímulo.

Sofia foi muito importante neste trabalho que tem a sua marca já na epígrafe. Sua paixão pela televisão, sua curiosidade por esta pesquisa tão "estranha", que obriga a ir à casa das pessoas ver televisão com elas e sua torcida carinhosa foram sempre um estímulo para mim.

E, por fim, um agradecimento especial aos meus informantes, a quem me dirijo. Vocês foram a razão de ser desta pesquisa. Não apenas por serem o seu foco, mas pela maneira como fui recebida em suas casas, pela troca que se estabeleceu entre nós e, principalmente, pelo muito que aprendi com vocês.

Apresentação

Este livro apresenta uma versão final e mais abrangente da pesquisa de pós-doutorado em antropologia social que realizei no Programa de Pós-Graduação em Antropologia Social do Museu Nacional da UFRJ, sob orientação do professor Gilberto Velho, com bolsa do CNPq, no período de novembro de 2003 a outubro de 2004.

Na verdade, essa pesquisa é a realização de um sonho antigo e, ao mesmo tempo, dá continuidade ao meu percurso de estudos sobre os meios de comunicação de massa na perspectiva antropológica – estudos esses iniciados na minha graduação na PUC-Rio e já lá se vão 20 anos...

Sonho porque a televisão sempre me fascinou de diferentes maneiras ao longo da minha vida. Quando criança, era "teleguiada", adorava os anúncios, me divertia com os desenhos animados e me lembro ainda das primeiras novelas que vi e também das que meus pais não permitiam que eu visse. Muito já se falou sobre o papel da televisão na sociedade brasileira. E aqui falarei um pouco mais, esperando trazer algo de novo para esse *front*. E *front* é uma boa palavra para se referir a esse aparelho que já foi acusado de ser um simples eletrodoméstico e que desperta tanta ira e indignação, e não só no meio acadêmico. É um assunto sobre o qual todos têm opinião e que funciona, como bem chamou a atenção Renato Janine Ribeiro (2004), como uma espécie de matéria-prima do laço social. Ela fornece assunto para a conversa com o outro, com o desconhecido.

Quando jovem, estudante de jornalismo, encarava a televisão nos mesmos moldes de Adorno e Horkheimer (1985): com uma força terrível para transformar todos os seus telespectadores em dóceis e passivos seres humanos. E a Rede Globo era vista como a mentora desse projeto e a catalisadora de todas as críticas. Sua imagem estava diretamente associada ao regime militar e à ditadura. E sobre esse ponto não havia discussão. Por mais que a memória do passado do meu país, da minha cidade e da minha geração estivesse associada a imagens, sons e programas vistos na telinha. Era a hora de deixar a emoção de lado – elemento fundamental da nossa televisão – e criticá-la com a razão. Dicotomicamente. Maniqueisticamente muitas vezes. E qual não foi a minha surpresa ao ouvir de meus entrevistados esse mesmo discurso repaginado e atualizado. O que aconteceu? Mudei eu, ou a TV, além de emoções prontas, também produz uma reflexão pronta?

Por isso falo do sonho. Do sonho de tentar encarar a televisão fora de parâmetros tão restritos, bem ao gosto dos anos 1970, de "ame-o ou deixe-o". E tentar chegar através do outro, do receptor desconhecido, mais perto dela e compreender um pouco da sua complexidade, particularmente em um país como o Brasil. Um país para iniciados...

Por outro lado, havia muitas maneiras de encarar e pesquisar a televisão. Seus programas, seus jornalistas, sua história. E aí se juntam dois aspectos. Por um lado, eu já havia pesquisado os chamados "produtores" em *O mundo dos jornalistas*; de outro, analisar o conteúdo, eu também já tinha feito em *O livro no jornal*, ainda que na imprensa escrita. De alguma forma era importante completar a cadeia e, depois de passar pelo emissor e pela mensagem, chegar finalmente ao receptor.

E acredito que a contribuição da antropologia foi fundamental. Encarar a recepção dentro dos moldes de uma verdadeira etnografia, como um mergulho na sociedade do outro, aqui no meu caso, em suas casas e famílias, e ver a complexidade ao vivo e em cores foi muito importante. Juventude é apenas uma palavra, já dizia Bourdieu e com razão. O termo funciona quase como um "guarda-chuva" que abarca jovens os mais diversos em termos de gênero, classe social, opção política e religiosa e estilos de vida. O que de verdade os une – além de estarem quase todos na mesma faixa etária – é a identidade universitária. São estudantes universitários. Mas, ao me aproximar, noto que esta também é uma quimera, uma vez que as percepções do que é ser universitário, do que isso significa e o quanto custa estar na universidade, têm muitas variações e nuances. E o mesmo também poderia ser dito em relação à recepção da televisão.

Mas por que a escolha do *Jornal Nacional* como objeto privilegiado para a recepção? De um lado, os fatos objetivos. Trata-se do jornal das oito horas da noite da mais importante rede de televisão do país – a Rede Globo –, carro-chefe de sua programação, juntamente com as novelas, e no ar desde 1º de setembro de 1969. Estima-se que o *Jornal Nacional* tenha hoje uma audiência de cerca de 40 milhões de telespectadores durante os seus 45 minutos de duração e é um dos programas de maior audiência da televisão brasileira. De outro, os subjetivos. Adoro jornalismo. Sinto um prazer enorme em ler jornal e, mesmo não sendo uma telespectadora assídua do *JN*, sempre me interesso em saber o que ele deu, que assuntos abordou, nem que seja através de terceiros. Penso que a imprensa apresenta um mapa da realidade e decifrá-lo sempre me fascinou e continua fascinando. No Brasil, não temos tanta variedade na grande imprensa. Dizem que é a globalização que torna todos os produtos e veículos iguais. Pode ser. Mas, salvo as décadas de 1950 e 1960, nunca houve uma pluralidade muito grande de veículos no Brasil. Não só eles foram desaparecendo, como as causas que defendiam também foram sumindo. Creio que a França ainda é um país onde a imprensa escrita tem uma identidade bem definida. *Libération* é o jornal progressista, *Le Figaro* é o jornal conservador e de direita, e até mesmo o Partido Comunista tem seu próprio veículo – *L'Humanité*. E comparar suas manchetes é sempre um exercício prazeroso e bastante ilustrativo da idéia de cultura como um conceito semiótico, fruto da interpretação, como afirmou C. Geertz (1978).

E por que pesquisar a juventude? Nunca tinha trabalhado com esse universo antes e sua escolha só reforçou em mim a sensação de novidade dessa pesquisa. Estava entrando em terreno desconhecido e esse trabalho, em muitos aspectos, é de uma iniciante. Iniciante em estudos sobre televisão e também sobre juventude. Venho dando aula em universidade há quase 10 anos e, terminadas as aulas, uma curiosidade sempre me toma. O que os alunos estão pensando da vida? O que fazem no tempo livre? Serão alienados, como muitos acusam? Estão desinteressados de política, como outros apontam, ou são jovens "individualistas" e consumistas, preocupados apenas consigo mesmos? E qual será a relação deles com a televisão? Verão o *Jornal Nacional*? Aliás, essa pergunta me angustiava pela possibilidade de obter uma resposta negativa e inviabilizar a pesquisa. Mas os meus informantes – e boa parte dos 264 jovens que responderam ao questionário

– vêem o *JN*. E têm muito a dizer sobre ele, sobre a vida, sobre a universidade, sobre si mesmos.

Depois da escolha dos jovens, era a hora de decidir quais cursos seriam selecionados. Medicina e comunicação social foram escolhidos em função da enorme procura, principalmente em universidades públicas. Mas corria o risco de que o meu universo ficasse restrito às camadas médias e altas. Foi quando decidi ampliar o leque de cursos e incluir serviço social e pedagogia, pelo fato de propiciarem, mesmo nas universidades federais e estaduais, um acesso mais amplo de estudantes oriundos de camadas populares. Isso porque a relação candidato-vaga para esses cursos é muito baixa.

Este livro conta um pouco da minha experiência como pesquisadora que entra na casa de 16 jovens para assistir com eles, em alguns casos mais de uma vez, ao *Jornal Nacional*. Procurei discutir desde suas formas de assistir ao programa – em casa ou em outros locais, sozinhos ou com amigos e/ou família, realizando outras atividades simultaneamente ou parando suas tarefas – até como interpretam as notícias ali apresentadas. Esses jovens, antes desconhecidos, tornaram-se próximos em função da pesquisa, principalmente pela sua vontade de participar e disponibilidade para me receber e repartir comigo suas idéias, preocupações e desejos.

Juventude e televisão, mais do que projeto de pesquisa onde quase tudo era novidade e desconhecimento – uma espécie de "iniciação" ao tema –, foi para mim muito rico em experiências afetivas e intelectuais. Esses jovens me ensinaram muitas coisas e não só sobre televisão e juventude. A pesquisa me fez reavaliar o papel da universidade como instrumento de inclusão social e de transformação da sociedade. A universidade é, para muitos, uma porta de entrada, uma senha de acesso a um mundo novo muito rico e interessante. Só essa lição já valeu a pesquisa. Tomara que para você valha a leitura.

1

O *Jornal Nacional* e os jovens do Rio

Cena 1: Tijuca, Zona Norte do Rio de Janeiro, abril de 2004, quase 20h. B., de 18 anos, estudante do terceiro período de comunicação na UFRJ, está deitada no chão do seu quarto, esperando começar o *Jornal Nacional*, que gosta de ver, embora ache "tendencioso". Mora com a mãe e um irmão menor. Os dois ainda não chegaram, a primeira do trabalho e o outro da aula. No apartamento de três quartos, há três televisões – uma na sala, uma no seu quarto e outra no quarto do irmão. B. não lê jornal todo dia, mas lê sempre nos fins de semana, além da revista *Veja*, que a família assina. A mãe tem curso superior e trabalha em uma estatal. O pai, separado, mora fora do Rio com sua nova família. B. tem computador em casa, mas só acessa uma vez por semana. É religiosa e freqüenta a Igreja Batista Nova Jerusalém. Participa intensamente das atividades da igreja e faz parte do grupo jovem. Não tem namorado. No início, estranhou muito a universidade, achou que não iria adaptar-se. Hoje gosta, fez amigos. Ela vê o *JN*, embora se irrite muito com a forma como as notícias são apresentadas. Sua mãe odeia a Globo e novela. B. se diz "noveleira". Escolheu fazer comunicação porque acha fascinante o jornalismo. Tem vontade de trabalhar em mídia impressa.

Cena 2: Barra da Tijuca, Zona Oeste do Rio de Janeiro, julho de 2004, 20h em ponto. D. tem 20 anos, é estudante de medicina na Universidade Gama Filho, onde cursa o quinto período. Está sentado no sofá da sala, esperando o início do jornal. A empregada acaba de colocar a mesa do jantar. A mãe entra, conversa um pouco, sai da sala logo que começa o *JN*. D. mora com os pais e dois irmãos no apartamento de quatro quartos e varanda, em um condomínio de classe média alta. O pai e os dois irmãos são médicos. Costuma ver o *Jornal Nacional*, mas nem sempre pára para isso. Às vezes está no computador, tocando violão ou jantando com a família. Acha que o *JN* é o jornal mais compactado. A seu ver, nos outros canais há muita "enrolação". Na casa, há cinco televisões: três nos quartos, uma na sala e outra na cozinha. Na hora do início do jornal, ouvem-se ecoando outras televisões sintonizadas no mesmo canal. Desde criança, D. sonhou ser médico. Pretende ser otorrinolaringologista como o pai. Está adorando a faculdade, embora ache muito "puxada". Tem uma banda com os amigos e costuma se apresentar em bares da cidade. Tem namorada. Não se interessa por política. Ainda não tem candidato, vota como os pais. Raramente pára para ler jornal; quando isso acontece, é para ver a seção de esportes. Ninguém na família é muito ligado em religião, mas todos estudaram logosofia. Antes de estudar na Gama Filho, fez três anos do curso de medicina em uma faculdade em Nova Iguaçu, onde morava de segunda a sexta. No futuro, imagina-se trabalhando na clínica do pai, casado e com filhos.

Cena 3: Gardênia Azul, bairro da Cidade de Deus, Zona Oeste do Rio de Janeiro, agosto de 2004, 20h15min. D. tem 21 anos e está no oitavo período de pedagogia na PUC. Está sentada na cama da mãe, com a filha R., de cinco anos, ao lado e a irmã, de nove anos. Prefere ver no quarto porque a TV da sala não pega bem. São três televisões na casa, duas coloridas e uma em preto-e-branco. A filha fala, brinca, se mexe bastante. A mãe na cozinha reclama com ela, pede para ficar quieta e não atrapalhar. A filha me pergunta se não tenho televisão em casa e por isso tinha ido ver lá. D. é solteira e mora com a mãe, a irmã e a filha em uma casa de dois quartos. Seu pai morreu há alguns anos. A mãe trabalha como lavadeira e estuda à noite. As duas meninas estudam em escolas municipais. D. costuma ver o *Jornal Nacional* durante a semana assim que chega em casa. Estuda na parte da manhã e à tarde faz estágio, chegando em cima da hora do jornal. Ela queria ter feito psicologia, mas não passou no vestibular. Cursou o pré-vestibular para negros e carentes, embora a mãe achasse que faculdade não era "coisa para filho de pobre". Sentiu muitas dificuldades no início do curso, pelo ambiente, pela exigência de leitura, pelas diferenças sociais e econômicas entre ela e os colegas. Gosta de ver o *JN*, mas nem sempre consegue. A mãe gosta muito de ver. D. procura agora ler jornal com mais freqüência, por sugestão de uma professora. No domingo, lê sempre na casa de uma amiga que compra. Costuma ler uma história toda noite para a filha pequena. É católica. Quando menor, freqüentava muito mais a igreja, ia aos cursos, encontros. Não é filiada a nenhum partido, mas gosta de política e, nas últimas eleições, votou nos candidatos do PT. Não tem namorado atualmente. Trabalhou como voluntária em vários projetos e acha que sua participação tem também o objetivo de servir de exemplo. Se ela conseguiu chegar à universidade, outros também podem.

Esses três jovens têm muitas diferenças de classe social, de estilo de vida, de carreira, de religião, mas além da idade há um ponto que os une no seu cotidiano: assistir ao *Jornal Nacional*. A maneira como vêem o jornal, as reflexões que fazem sobre o formato e o conteúdo do noticiário, assim como suas críticas, variam, mas eles, assim como os outros 13 jovens entrevistados nesta pesquisa, acreditam que o jornal lhes dá a sensação de que estão informados sobre o que está acontecendo no Brasil e no mundo.

O objetivo desta pesquisa foi analisar a relação de um grupo de jovens universitários cariocas com a televisão e particularmente com o *Jornal Nacional*. Trata-se de um estudo de recepção desse noticiário televisivo. Para isso, selecionei estudantes de quatro cursos – comunicação social, pedagogia, medicina e serviço social –, de universidades públicas e particulares da cidade do Rio de Janeiro. Medicina e comunicação social foram escolhidos por estarem entre as carreiras mais disputadas e com uma relação candidato-vaga muita alta, implicando uma enorme concorrência para obtenção de uma vaga em uma universidade pública. Além disso, eles possibilitavam pensar que lidaria com uma elite universitária e me interessava indagar qual a sua relação com a informação e através de quais veículos ela era obtida. Serviço social e pedagogia, ao contrário, são cursos de menor prestígio e reúnem muitas vezes alunos oriundos de pré-vestibulares para negros e carentes, assim como jovens que não conseguiram entrar nos cursos que desejavam. Esses dois cursos são considerados muitas vezes uma segunda opção ou última alternativa para entrar na universidade. Saber qual a dimensão da televisão em suas vidas, seus programas prediletos e como dialogavam com o *Jornal Nacional* foram pontos fundamentais para este trabalho.

O jornalista e crítico de televisão Eugênio Bucci (2000:8) tem uma ótima frase para definir a importância da televisão no Brasil: "E talvez não haja mais a possibilidade de pensar o Brasil sem pensar a TV". Para ele, a própria imagem que o Brasil teria de si mesmo estaria imbricada na televisão. Na verdade, basta-nos olhar os dados estatísticos para comprovarmos ser a televisão o principal veículo de comunicação nacional. De acordo com a revista *Mídias e Dados* (1998), havia no país cerca de 54 milhões de aparelhos de televisão em 37 milhões de lares, numa cobertura geográfica que atingia 4.974 municípios, o que equivale a praticamente 100% do território nacional. Costuma-se afirmar que há muito mais televisões do que geladeiras no país. Segundo dados do censo do IBGE, no Brasil:

- em 1970, havia 4.250.404 aparelhos de TV e 4.594.920 geladeiras;
- em 1980, havia 14.142.924 aparelhos de TV e 12.697.296 geladeiras;
- em 1991, havia 27.650.179 aparelhos de TV e 23.910.035 geladeiras.

A audiência do *Jornal Nacional*

Segundo dados do Instituto Brasileiro de Opinião Pública (Ibope – ver anexo 3), em pesquisas realizadas no período de janeiro a junho de 2004, em um universo de 51.855.715 lares em todo o país, numa amostra denominada Painel Nacional de Televisão (PNT), 42% dos domicílios estavam sintonizados no *Jornal Nacional* às 20h. Isso equivale a mais de 20 milhões de residências. É importante chamar a atenção para o fato de essa pesquisa ser nacional e abranger as seguintes cidades e/ou regiões: Grande Rio de Janeiro e Grande São Paulo, Belo Horizonte, Curitiba, Recife, Salvador, Distrito Federal, interior de Minas Gerais, interior da Região Sudeste, Goiânia e Grande Belém. Trata-se, sem dúvida, de um espectro bastante amplo, mas que não abrange a totalidade dos estados do país. Portanto, é possível pensar que os dados apresentados pela revista *Veja* (2004b), na matéria sobre os 35 anos do *Jornal Nacional*, não exageravam ao afirmar que os 43 pontos no Ibope significam em torno de 31 milhões de espectadores e mais de 60% dos televisores ligados na TV Globo no horário do jornal.

Dentro desse quadro mais geral, o instituto classifica essa audiência nacional da seguinte forma: 30% dos domicílios são das classes A e B, 38% da classe C e 31% das classes D e E. O Ibope define as classes em função do Critério de Classificação Econômica Brasil. Esse critério, adotado pelas pesquisas de mercado, tem a função de estimar o potencial de compra das pessoas e famílias urbanas através de um sistema de pontos preestabelecidos. A classificação se baseia em dois blocos. O primeiro se estrutura pela posse de itens como televisão em cores, rádio, banheiro, automóvel, empregada mensalista, aspirador de pó, máquina de lavar, videocassete, geladeira, *freezer*, além da quantidade de cada um desses itens. Para cada um deles, há uma pontuação. O segundo critério de classificação diz respeito ao grau de instrução do chefe da família. A hierarquia estabelece as seguintes gradações: analfabeto ou com primário incompleto, primário completo ou ginasial incompleto, ginasial completo ou colegial incompleto, colegial completo ou superior incompleto, e superior completo, todas com sua respectiva pontuação. As classes são definidas por pontos da seguinte forma:

- classe A1: 30-34 pontos;
- classe A2: 25-29 pontos;
- classe B1: 21-24 pontos;
- classe B2: 17-20 pontos;
- classe C: 11-16 pontos;
- classe D: 6-10 pontos;
- classe E: 0-5 pontos.

Para se ter uma idéia, uma televisão em cores equivale a um ponto; um banheiro, um automóvel, uma empregada ou uma geladeira, dois pontos; dois televisores ou dois banheiros, três pontos. Em relação à escolaridade, ter curso superior completo equivale a cinco pontos e ter primário completo, um ponto. Ou seja, a pontuação cresce muito em função da escolaridade e da quantidade de itens possuídos (ver anexo 3, com tabelas).

Um dado relevante sobre a audiência em termos de classes é apresentado pela revista *Veja* (2004b), que afirma que três de cada quatro espectadores do *Jornal Nacional* são das classes C, D ou E.

No Rio de Janeiro, segundo o Critério de Classificação Econômica Brasil, as classes, em termos percentuais, estão divididas da seguinte maneira:

- classe A1 – 1%;
- classe A2 – 4%;
- classe B1 – 9%;
- classe B2 – 14%;
- classe C – 39%;

34   Juventude e televisão

❏ classe D – 31%;
❏ classe E – 3%.

Em relação à idade, os telespectadores do telejornal, de acordo com a pesquisa, estão divididos em cinco faixas etárias. A primeira, que abarca adolescentes de 12 a 17 anos, representa 9% do público; a segunda, de 18 a 24 anos, 10%; a terceira, de 25 a 34 anos, 15%; a quarta, de 35 a 49 anos, 24%; e a última, formada por pessoas com mais de 50 anos, corresponderia a 27%. Fica evidente que o perfil do telespectador do *JN* é o adulto com mais de 35 anos. Talvez este seja o seu público mais fiel, como muitos entrevistados atestam, ao relativizar sua assistência ao jornal, dizendo: "Não vejo todo dia como meu pai ou minha avó". Em relação a gênero, o público feminino é bem maior que o masculino, com 59% de espectadoras e 41% de espectadores, contrariando algumas expectativas do senso comum que afirmam que os noticiários são destinados ao público masculino e as novelas, ao público feminino (Borelli e Priolli, 2000; Ponte, 2004; Morley, 1996). Através de alguns desses trabalhos, percebemos as nuances e as representações dos telespectadores sobre o que "devem" ou não ver.

No que diz respeito ao Rio de Janeiro, os dados do Ibope mostram que há muitas semelhanças com o quadro nacional. Da amostra pesquisada, 44% dos domicílios tinham seus aparelhos de televisão ligados no *Jornal Nacional*. Desse contingente, 30% pertencem às classes A e B; 41%, à classe C; e 27%, às classes D e E. Em relação à faixa etária: 8% do público têm entre 12 e 17 anos; 8%, entre 18 e 24 anos; 13%, entre 25 e 34 anos; 23%, entre 35 e 49 anos; 34%, mais de 50 anos. O público feminino é maior ainda, representando 62% da audiência, enquanto os homens representam 37%. Certamente esses dados não podem ser tomados como valores absolutos, mas servem como indicadores da presença do jornal de maior audiência do país.

Um retrato da cidade

Segundo dados do Censo Demográfico 2000 do IBGE, a cidade do Rio de Janeiro tem 5.857.904 habitantes. De acordo com o Instituto Municipal de Urbanismo Pereira Passos (IPP), essa população está dividida em cinco grandes áreas de planejamento, 159 bairros e 34 regiões administrativas. Através dos mapas de 2000 obtidos no instituto, que ajudam a situar o universo estudado, pude completar a pesquisa com informações relevantes sobre a população carioca. Não há um mapa que contenha dados sobre domicílios com televisão, uma vez que ele seria bastante uniforme, mas há mapas sobre outros aparelhos, como microcomputador (ver figura 1) – por exemplo, Barra da Tijuca, Tijuca, Vila Isabel, Lagoa e Botafogo aparecem como as cinco regiões administrativas onde o percentual de domicílios com computador é de mais de 40%. Esses dados estão diretamente relacionados ao índice de desenvolvimento humano. Em relação à renda, aparecem essas mesmas regiões, acrescidas apenas da região de Copacabana, como as mais desenvolvidas da cidade. Em relação à densidade demográfica do Rio de Janeiro, os bairros mais populosos são: Cidade de Deus, Rocinha, Leblon, Ipanema, Copacabana, Flamengo, Catete, Estácio, Catumbi, Vila Isabel, Jacarezinho, Méier, Todos os Santos, Abolição, Portuguesa (Ilha do Governador) e Complexo da Maré. E, por último, há o mapa que dá um panorama das pessoas alfabetizadas com 15 anos ou mais de idade por bairros. Nesse quadro, os bairros com maior número de indivíduos alfabetizados são: Barra da Tijuca, Joá, São Conrado, Jardim Botânico, Gávea, Leblon, Lagoa, Ipanema, Copacabana, Leme, Urca, Humaitá, Botafogo, Flamengo, Glória, Praça da Bandeira, Tijuca, Maracanã, Vila Isabel, Andaraí, Grajaú, Encantado, Abolição, Anil, Freguesia, Pechincha, Vila Kosmos, Vila da Penha, Vista Alegre, Irajá, Vila Militar, Campo dos Afonsos, Vila Valqueire, Jardim Sulacap, Ramos, Higienópolis, Maria da Graça, Del Castilho, Méier, Todos os Santos, Cachambi, Jardim Guanabara, Anchieta, Cocotá, Praia da Bandeira, Zumbi e Ribeira. Infelizmente, não foi elaborado um mapeamento da cidade com o número de pessoas com curso universitário por bairro ou região, o que sem dúvida seria um dado complementar importante para a pesquisa.

Esses dados da cidade podem, em um primeiro momento, parecer de menor importância para a pesquisa. Entretanto, creio que essas informações poderão ser relacionadas e estabelecer um diálogo com as informações obtidas através da etnografia. Por último, incluí um mapa onde indico geograficamente como ficou distribuído o trabalho de campo pela cidade (ver figura 2). Meu objetivo foi formar um grupo que, dentro de uma pesquisa antropológica, pudesse ter a maior amplitude possível em termos geográficos. *A priori*, não me restringi a nenhuma área ou bairro da cidade, colocando-me disponível para todos os deslocamentos possíveis, mesmo levando em conta as dificuldades e riscos de circular em zonas consideradas perigosas e/ou violentas no horário noturno. Tratarei dessas questões de forma mais aprofundada na etnografia propriamente dita.

Figura 1
Proporção de domicílios com microcomputador, por regiões administrativas — 2000

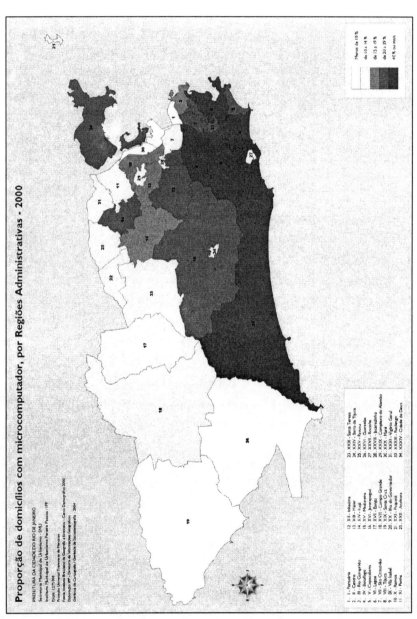

Fonte: Instituto Municipal de Urbanismo Pereira Passos.

O *Jornal Nacional* e os jovens do Rio

Figura 2
Bairros de residência dos estudantes entrevistados

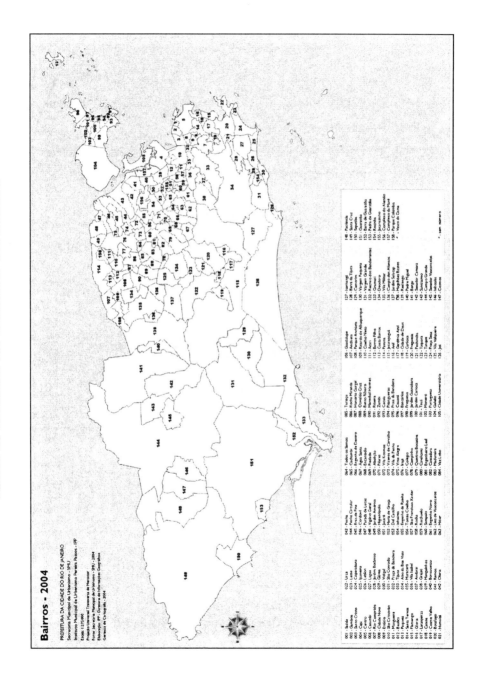

Os questionários

Para esta pesquisa de recepção do *Jornal Nacional* entre jovens universitários de faculdades públicas e particulares, dos cursos de medicina, comunicação social, serviço social e pedagogia, apliquei 263 questionários em salas de aula. Desse total de jovens, 25,5% residem na Zona Sul, 14,8% na Tijuca, 4,6% na Barra, 8,7% na Baixada, 5,7% em Jacarepaguá, 4,9% na Ilha do Governador e 35,7% em outros bairros e/ou cidades. Para esta pesquisa, a Tijuca não foi incluída na Zona Sul. Entretanto, preciso salientar que, para o IPP, esse bairro é classificado como integrante da Zona Sul da cidade.

Figura 3
Cursos

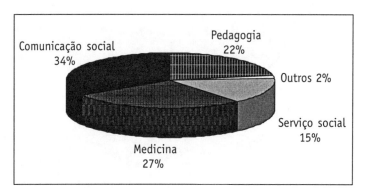

Figura 4
Sexo

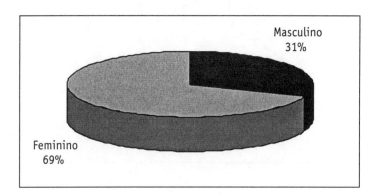

Figura 5
Faixa etária

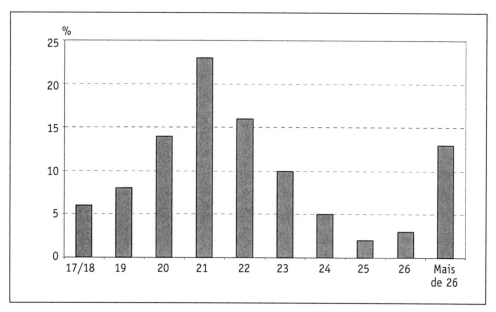

A média de idade é de 23 anos, os mais jovens com 17 anos e o mais velho com 58 anos. Vale a pena me deter um pouco nessa questão da faixa etária do grupo. Há dois estudantes universitários que, em princípio, não "poderiam" fazer parte de uma pesquisa sobre jovens pelo fato de terem mais de 30 anos. Entretanto, decidi não excluí-los do grupo por diversas razões. A primeira delas é que, como afirma Bourdieu (1983), o jovem não pode ser definido apenas em função de sua idade. Há diversos elementos atuando nessa construção social. Esses dois entrevistados, apesar de mais velhos, estavam cursando uma universidade pela primeira vez. E afirmaram vivenciar uma atmosfera juvenil e estudantil que nunca tinham experimentado. Ao lado disso, mostraram-se extremamente interessados na pesquisa, disponíveis para participar e seus depoimentos enriqueceram muito este trabalho sobre estudantes universitários. E, como veremos mais adiante, seus sentimentos e reflexões não diferem muito do restante do universo investigado.

Acho importante chamar a atenção para o objetivo inicial dos questionários. Uma pesquisa de recepção, que implica a ida do pesquisador à casa ou local onde o entrevistado assiste ao noticiário, tem especificidades. Trata-se de uma

40 JUVENTUDE E TELEVISÃO

"invasão de intimidade", ainda que consentida pelo entrevistado. Mas como chegar a esses entrevistados, como selecioná-los? Quais deles aceitariam participar?

Pensando nesses percalços, que nos ajudam a entender as características desse tipo de etnografia, decidi elaborar um questionário simples, com algumas perguntas fechadas e duas abertas, para ser preenchido em horário de aula nas respectivas universidades. A primeira parte dele contém dados como idade, curso, faculdade, período, sexo e bairro onde mora o entrevistado, enquanto a segunda parte está mais diretamente relacionada à pesquisa, incluindo perguntas sobre televisão, programas assistidos, se vê o *Jornal Nacional* e com que freqüência, se gosta ou não, e, por último, se gostaria de participar da pesquisa. Em caso afirmativo, são solicitadas formas de contato, como telefone e/ou e-mail. A partir dessa resposta, eu entraria ou não em contato com ele.

O número de questionários – 263 – não foi definido *a priori*. Na medida em que os questionários seriam apenas um instrumento para um contato posterior, não estabeleci números fixos. Procuraria acompanhar a recepção do *JN* com cerca de 30 jovens, o que logo percebi ser impossível no prazo de um ano de trabalho, uma vez que também considerava importante retornar para ver o jornal mais de uma vez, se não com todos os estudantes, ao menos com alguns. Em seguida, contatei professores dos quatro cursos para marcar a minha ida para apresentar rapidamente o meu projeto e aplicar os questionários, sempre durante uma aula. Na maioria das vezes, no final da aula. Esses contatos se deram através de minhas relações pessoais. Procurei colegas e amigos, principalmente da área de ciências sociais, que atuassem nesses cursos. Quando isso não era possível, pedia a outros colegas e amigos que me apresentassem a professores desses cursos, aos quais explicava o projeto e a necessidade de estabelecer contato com os alunos. De modo geral, esse processo ocorreu de forma tranqüila e os professores se mostraram bastante interessados na pesquisa. Só encontrei dificuldades em um curso de medicina de uma universidade particular, a qual impôs numerosas condições para que eu fosse à sala de aula conversar com os alunos. A apresentação foi feita por uma amiga médica, que explicou meus objetivos. A professora disse que precisava pedir autorização ao chefe do departamento. Em seguida, ela me informou que precisava de uma carta minha, explicando a pesquisa, e de uma declaração da instituição onde estava realizando meu pós-doutorado. Tudo isso feito, surgiram outras exigências. O tempo foi passando, não obtinha nenhuma resposta, até que desisti de contatar novamente aquela universidade.

O JORNAL NACIONAL E OS JOVENS DO RIO

Iniciei minhas "visitas" escolhendo as turmas, em geral de meio do curso. Procurei não aplicar questionários a alunos dos primeiros períodos nem dos últimos. Os primeiros por estarem em fase ainda inicial da faculdade, sem maiores contatos com a profissão, e os últimos por já estarem mais envolvidos com a vida profissional do que com a universitária.

Ao entrar na sala, eu era geralmente apresentada pelo professor da disciplina que, em seguida, me dava a palavra. Eu explicava meu objetivo ali, qual era a pesquisa e solicitava que respondessem ao questionário. Em algumas turmas, surgiam perguntas; em outras, comentários. Mas normalmente esses encontros não demoravam muito e os alunos iam saindo da sala quando terminavam de responder às perguntas.

Qual não foi a minha surpresa ao receber os questionários de turmas muitas vezes com 60, 70 alunos, tendo apenas três ou quatro alunos interessados em participar. Com isso, fui obrigada a ampliar o meu leque de faculdades e turmas, totalizando 263 questionários. Assim, obtive 43 respostas positivas. Desses estudantes, 15 desistiram, não puderam ou desmarcaram, e 12 não responderam aos e-mails e telefonemas. Entrevistei 16 estudantes universitários, cinco homens e 11 mulheres, quatro da Zona Sul, dois da Tijuca, cinco da Zona Norte, um da Barra da Tijuca, dois da Cidade de Deus e dois de fora do Rio, residentes no alojamento estudantil da UFRJ, no Fundão. Desses 16, cinco são alunos de serviço social, cinco de comunicação social, três de pedagogia e três de medicina.

Acho importante destacar que os alunos de serviço social foram os que responderam afirmativamente em maior número e os de medicina, em menor número. Vale destacar o caso de uma aluna de medicina que afirmou ser o Hospital Souza Aguiar, onde dava plantão, o local onde mais conseguia ver o jornal. Em seguida, perguntou-me se aceitaria ver com ela lá. Respondi que sim, mas infelizmente as chefias não autorizaram a minha entrada no hospital e não conseguimos marcar uma entrevista em sua casa.

A meu ver, o primeiro ponto a ser ressaltado em relação aos questionários é o fato de eles terem passado de mero instrumento de acesso ao grupo pesquisado a importante fonte de informação. Durante minha formação universitária, aprendi a ver com certo desdém os dados quantitativos. Estatística, questionários aplicados a grupos grandes, questões fechadas e de múltipla escolha não faziam parte do universo do trabalho de campo do antropólogo. Seu trabalho se caracteriza por ser uma pesquisa qualitativa, de contato direto com os "nativos", com ob-

42   JUVENTUDE E TELEVISÃO

servação participante dentro da noção clássica de trabalho de campo e etnografia. Ao me deparar com os dados oriundos dos questionários, senti necessidade de analisá-los de maneira mais consistente e entendê-los de outra perspectiva e como parte da própria pesquisa; certamente não a mais importante, mas nem por isso devendo ser desqualificada. Para tal, fiz uma pequena análise das respostas sobre televisão e sobre o *Jornal Nacional*.

Através dos questionários, ficou claro que mais da metade dos jovens que participaram dessa fase da pesquisa vêem televisão todos os dias e a grande maioria prefere os programas jornalísticos e as novelas. E o mais importante: a grande maioria assiste ao *Jornal Nacional*, e quase a metade com bastante freqüência. Além disso, um número expressivo declara gostar do jornal. Esses dados já me ajudavam a construir um esboço das primeiras relações desses estudantes com a televisão.

Após a leitura dos questionários, transformei em categorias – sete positivas e sete negativas – as qualidades e os defeitos que os entrevistados apontavam no *Jornal Nacional*. Essas categorias foram definidas em termos quantitativos. Ou seja, a primeira foi a mais presente nas respostas. As categorias positivas foram: informativo, com notícias do Brasil e do mundo, atual, variado, claro, completo e outros. E as categorias negativas: tendencioso, superficial, manipulador, sem reflexão, parcial, fragmentado e outros. É necessário comentar que as duas categorias aparecem na maior parte das respostas. Ou seja, mesmo os que elogiam o jornal têm críticas a fazer e vice-versa. Também classifiquei os programas televisivos mencionados em categorias de gênero: jornalístico, novelas, filmes, programas de entrevistas, documentários, programas esportivos e outros, para facilitar a compreensão dos dados.

A partir daí, os questionários foram entregues ao estatístico Fávio Toda, que os processou e os devolveu a mim em forma de tabelas (ver anexo 2). A primeira observação feita pelo estatístico foi que essa amostra era não-probabilística e de tipo por conveniência. Portanto, não seria possível generalizar seus resultados para toda a população universitária do Rio de Janeiro. Em uma pesquisa probabilística por amostragem aleatória simples, seria necessário a realização de pelo menos 400 questionários, resultando em uma pesquisa com confiança de 95% e margem de erro de 5%. Embora sabendo desde o início que esta pesquisa tem um caráter exploratório, não permitindo conclusões definitivas, creio que ela me possibilitou avançar no conhecimento sobre os jovens universitários cariocas, assim como sobre suas relações com a televisão.

São esses os principais dados dos universitários sobre televisão: 59,9% vêem todos os dias; 21,7%, com freqüência; 14,4%, eventualmente; e 4,9%, raramente. Sobre os programas que costumam e gostam de assistir na TV, 76,8% escolheram os programas jornalísticos; 47,1%, as novelas; 36,5%, os filmes; 24%, os programas de entrevistas; 15,2%, os documentários; 10,6%, os programas esportivos; e 65,4%, outros programas. Os estudantes podiam marcar mais de uma alternativa como resposta e a grande maioria indicou mais de um gênero de programa.

Em relação ao *Jornal Nacional*, 95,1% afirmaram que assistem ao jornal e apenas 4,9% não o vêem. Dos estudantes que responderam afirmativamente, 13,6% declararam que vêem o *JN* todos os dias; 47,2%, com freqüência; 26,4%, eventualmente; e 12,8%, raramente.

Dos estudantes pesquisados, 67,3% disseram que gostam do jornal, 25,5% não gostam e 7,2% não sabem ou não quiseram responder. Entre as categorias positivas, as mais presentes foram: informativo, respondido por 33,5%, e com notícias do Brasil e do mundo, por 12,5%. Entre as categorias negativas, foram apontadas: tendencioso, por 8,7%, e superficial, por 7,2%. Vários alunos elencaram diversas características em suas respostas.

Esses dados já demonstram a estreita relação entre esses estudantes e a televisão. Ela é uma presença no seu dia-a-dia. O outro dado questiona inclusive o depoimento do próprio editor-chefe do *Jornal Nacional*, William Bonner, em entrevista feita na TV Globo (ver anexo 4). Ele comentou que essa é a faixa etária que o noticiário menos atinge. Pelas informações dos questionários, a grande maioria dos estudantes universitários pesquisados vê o programa (sem dúvida alguma, a categoria "jovens universitários" deve ser considerada uma subcategoria específica do universo mais abrangente de jovens, tanto cariocas quanto brasileiros, aos quais o jornalista está se referindo). E, gostando ou não, ele é uma referência em termos informativos para esse público. Todas essas afirmações serão rediscutidas e reavaliadas no capítulo 3, quando apresentarei a "etnografia de audiência" realizada com os 16 estudantes.

2

A TV e a notícia

A televisão surge no Brasil na década de 1950 e o primeiro canal a ir ao ar foi a TV Tupi, pertencente aos Diários Associados, do empresário Assis Chateaubriand. Esta começou a funcionar em São Paulo, em 1951 e, em seguida, no Rio de Janeiro. Mas é na década de 1960 que se consolida a presença da televisão na sociedade brasileira com a entrada de capital estrangeiro nos meios de comunicação, particularmente o grupo Time/Life. Este se associa às empresas Globo e cria a TV Globo, inaugurada em 1965 no Rio de Janeiro, com o canal 4. É a partir de 1969, quando a Empresa Brasileira de Telecomunicações (Embratel) implanta uma moderna infra-estrutura de comunicações, que se pode falar em rede de televisão com difusão em todo o país. Naquele momento, o Brasil vivia sob o domínio de uma ditadura militar que permaneceu no poder até 1985. Nesse período de autoritarismo, a Rede Globo de Televisão teve um papel de destaque no projeto de integração nacional, atuando muitas vezes como aliada do governo e estabelecendo com ele uma relação de lealdade.

É dentro desse contexto político que nasce o *Jornal Nacional*, em 1º de setembro de 1969, ligando, na fase inicial, poucas cidades, mas tendo como objetivo integrar todo o país através da informação. Desde então, o jornal está no ar, sem interrupções, sendo apresentado no chamado "horário nobre" (de maior audiência) e exibido entre duas novelas, cujo sucesso no Brasil é enorme.

46 JUVENTUDE E TELEVISÃO

Hoje, a Rede Globo é a quinta maior televisão do mundo, com cinco emissoras próprias e 112 afiliadas, e é o único veículo de comunicação presente em todo o território nacional. Ela está nos 27 estados e em 98% dos 5.560 municípios brasileiros.

Inspirado nos modelos norte-americanos, o *JN* buscou criar uma linguagem jornalística própria, distinta da radiofônica, apostando na agilidade e na rapidez das notícias curtas. O forte do telejornal, desde o começo, foi o padrão de qualidade das imagens e reportagens produzidas. Ao longo de seus 35 anos, ele consolidou um estilo de redação e apresentação de notícias, tornando-se uma referência para o telejornalismo. Seu horário permanece como o espaço de programação de maior prestígio no mercado publicitário, concentrando 57% de toda a publicidade televisiva. O *Jornal Nacional* sofreu mudanças, foi e ainda é muito criticado, imitado, mas continua sendo um campeão de audiência no país e a principal fonte de informação de uma grande parcela da população brasileira – população esta estimada em 180 milhões de pessoas em 2004.

Um dia na redação do *JN*

Ainda que o objetivo desta pesquisa seja investigar a recepção do *Jornal Nacional* entre jovens universitários cariocas, decidi acompanhar um dia na vida do mais importante telejornal brasileiro. Dessa forma, pude observar a produção do jornal, conversar com os jornalistas, entrevistar o editor-chefe e refletir sobre suas rotinas e a própria construção do conceito de notícia.

Para tal, em fevereiro de 2004, entrei em contato com a redação do *Jornal Nacional* por telefone, sem intermediários ou contatos pessoais. Nos meses de outubro e novembro de 2003, havia pesquisado durante vários dias no Cedoc (Centro de Documentação da TV Globo), onde assisti a diversas edições do jornal desde o final da década de 1970. Embora a primeira edição do *JN* tenha ido ao ar no dia 1º de setembro de 1969, só existem matérias arquivadas do jornal a partir de 1976, ano em que é criado o Cedoc. De 1976 a 1983, só é possível localizar notícias e reportagens avulsas. Apenas de 1983 em diante podem-se encontrar edições completas do *Jornal Nacional*.[4] Meu acesso ao Cedoc – que não

---

[4] A TV Globo sofreu três incêndios: o primeiro em São Paulo, em 1969, os outros dois no Rio de Janeiro, em 1971 e 1976, e 920 fitas foram perdidas (Pereira Jr., 2002:228).

está aberto ao público, pois funciona com o objetivo de fornecer informações e pesquisas para a própria empresa, especialmente o jornalismo – se deu através de relações pessoais. A direção me liberou o acesso ao arquivo de imagem da Rede Globo. Isso não ocorreu sem transtornos, uma vez que a equipe é pequena e ocupei uma ilha de edição, com um funcionário à minha disposição. Narro isso porque esse processo foi o inverso do que aconteceu com o *Jornal Nacional.* Telefonei para a redação e pedi para falar com o editor-chefe do jornal, William Bonner. Informaram-me que ele estava ocupado e não poderia atender o telefone, mas que eu poderia adiantar o assunto. Expliquei a pesquisa e o meu desejo de acompanhar a rotina de produção do jornal durante um dia inteiro. A pessoa que me atendeu solicitou que eu escrevesse uma carta para o Bonner e a mandasse imediatamente por fax, junto com uma declaração da instituição à qual estava vinculada e um número de telefone para contato. Essa pessoa informou que me ligariam mais tarde. Não acreditei. Imaginei que o fax ficaria perdido ou esquecido e que eu precisaria ter bastante paciência e insistir novamente no dia seguinte. (Já tentara entrar em contato com o telejornal através de uma jornalista que trabalhava na emissora e fizera ciências sociais; mas, depois de algumas tentativas que não deram certo, desisti de recorrer a ela.) Isso ocorreu por volta das 17h30min. Qual não foi a minha surpresa quando, às 20h15min, com o *JN* no ar, me liga um rapaz da redação do jornal, dizendo que o Bonner tinha lido meu fax e pedia que eu lhe enviasse um e-mail para acertar a minha visita. Logo escrevi para o editor do noticiário. No dia seguinte, ele me respondeu e marcamos a data para uma semana depois – data escolhida por mim e não por ele.

Cheguei à sede da TV Globo às 10h da manhã da sexta-feira, 27 de fevereiro, conforme o combinado, sabendo que teria um dia intenso. Bonner explica que a primeira reunião é chamada de "caixa", por ser realizada por telefone com os editores de outras praças do Brasil, como São Paulo, Brasília e Belo Horizonte, e com os jornalistas de Londres e Nova York. Assim que cheguei à emissora, fui recebida na portaria pelo próprio editor, que já foi me explicando como seria o dia. A redação do *JN* funciona dentro da redação geral, onde ficam as equipes dos outros jornais e editorias, assim como a radioescuta e a sala da produção. Ainda não há muita gente na sala e ele me apresenta aos jornalistas que já chegaram. Sou identificada como a "professora" que vai acompanhar a feitura do jornal durante aquele dia, por mais que eu diga o meu nome e afirme que estou fazendo uma pesquisa antropológica. Bonner disse que aquele seria um dia pesado, pois havia muitas coisas acontecendo e seria preciso selecioná-las bem. Bonner me indica uma mesa próxima à sua, onde deixo as minhas coisas, e vamos para uma sala de vidro dentro da redação, onde há uma grande mesa de reunião. Começam a chegar os editores da GloboNews (canal de notícias da empresa que fica 24 horas no ar e faz parte das TVs fechadas ou a cabo), o editor de arte, o editor de esportes e um jornalista da produção. Começa a reunião.

Um dos pontos de partida para a estrutura do jornal é a definição do seu tempo de duração, que é flexível. O *JN* tem entre 30 e 35 minutos e quatro *breaks* (intervalos) fixos. O tempo é estabelecido pela direção de programação e, ao longo da jornada, será rediscutido e renegociado pelo editor-chefe em função das matérias previstas. Seu objetivo é obter o maior tempo possível. Em alguns sábados, o noticiário já teve mais de 40 minutos e, no dia 11 de setembro de 2001, teve uma hora de duração.

A reunião é bastante descontraída e o clima é de informalidade, com brincadeiras, reclamações e piadas durante o período de uma hora em que ela acontece. Todos recebem uma pauta com as matérias previstas para aquele dia. Um dos temas principais da reunião é o Haiti. Bonner fala que a tomada da capital não deve passar daquele dia. E certamente deve entrar no jornal. O líder da seita Verdade Suprema foi condenado à morte também nesse dia. Ele foi o responsável pelo ataque com gás sarin no metrô de Tóquio, em 1995. Bonner diz que pedirá à sucursal de Nova York para fazer a matéria. Aceita a oferta feita pelo representante de Londres, da reportagem sobre o inverno na Europa que está provocando o caos em vários países. Seria uma nota coberta.[5] Outro tema importante na reunião foi a cobertura do governo Lula. Bonner diz que fez uma avaliação da edição da véspera e achou que o jornal tinha sido muito "duro" com o governo. E que hoje fariam uma matéria de agenda "positiva" sobre o Bolsa-Família. O vice-presidente da República está internado e Lula irá visitá-lo. O editor logo pergunta se ele morre. Do outro lado, o jornalista responde que seu quadro é estável, sem riscos. Está na pauta uma matéria sobre a obrigatoriedade de todos os produtos com ingredientes transgênicos serem identificados nos rótulos a partir de hoje. Bonner comenta a matéria. Diz que o público do *JN* não sabe o que é transgênico, que o jornal tem de explicar, ser didático, e que essa questão é controversa. Pede

---

[5] Nota coberta é o texto lido pelo apresentador sobre uma imagem, mas sem a presença de repórter.

A TV E A NOTÍCIA 49

sonoras[6] curtas de "povo fala".[7] Na pauta, está outra sugestão de matéria sobre os números que o governo Lula divulgará do PIB.´ Bonner pede para o repórter ouvir um economista de "notório saber". Explica para mim que quer alguém que fale bem e não seja imberbe. Alguém com imagem de seriedade e conhecimento, concluo. Lembro inevitavelmente a expressão de P. Bourdieu (1987:41), os "falantes obrigatórios". São as pessoas chamadas com freqüência para falar na televisão, dar sua opinião, comentar um acontecimento. Eles estariam sempre disponíveis e seriam os "*habitués* da mídia". Em seguida, discutem uma reportagem sobre a precariedade do equipamento dos bombeiros. Bonner brinca que "jornalista adora fogo" e se refere ao incêndio que ocorreu em um prédio no Centro do Rio. Comenta que não houve mortes e que fazer uma matéria dessas só em um dia tranqüilo, para poder pedir matérias às praças do país. Ele fala sobre a matéria dos encartes de supermercados que estimulam o consumidor a brigar por descontos. Comentam o problema técnico que aconteceu na véspera, quando os computadores entraram em pane pouco antes de o jornal ir ao ar. Um dos últimos temas a serem discutidos é levantado pelo editor de esporte: o jogo do tenista Guga em Costa do Sauípe que será transmitido pela TV Record. Bonner afirma que vai saber com a direção como agir e que "não pode ignorar" o jogo. Tem de saber até onde pode ir e pergunta se o jogo é antes ou depois do *JN*. Para terminar, diz que quer uma matéria leve para fechar o jornal. Conversam sobre outros assuntos, programas de televisão e às 11h30min se encerra a reunião.

A equipe de produção informará as praças que não participaram da reunião, dizendo quais as matérias selecionadas para entrar na edição daquela noite. Bonner me chama para ver uma matéria sobre uma festa em uma aldeia indígena em Cuiabá. Diz que gostou da matéria e brinca que ela vai entrar em minha homenagem porque sou antropóloga. Mas comenta que não gosta de "índio vestido e de chinelo". A seu ver, perde a identidade. Comento sobre os estereótipos e as imagens que se constroem de diversas categorias.

O editor senta à sua mesa e prepara o espelho[8] do jornal. Enquanto isso, aproveito para conversar com a equipe da produção e outros jornalistas que estão

---

[6] Falas de entrevistados que fazem parte da reportagem.

[7] Expressão usada para identificar entrevistas feitas em geral na rua, com pessoas escolhidas aleatoriamente, sobre um assunto de interesse popular.

[8] Relação e ordem de entrada das matérias no telejornal, sua divisão por blocos, a previsão dos comerciais, chamadas e encerramento, com a respectiva duração.

na redação. Pergunto sobre a reação do público e quais as matérias que mais agradam. A chefe de produção de rede, Mônica Barbosa, comenta que é raro receberem reclamações e que Bonner acompanha a audiência minuto a minuto enquanto está no ar. E quando aparecem matérias sobre seca ou inundação, muita gente procura a emissora, querendo doar roupas, mantimentos. Para ela, um bom jornal deve ter notícias boas, factuais, com tempo de o editor atuar com recursos de arte para ela repercutir bem. Se chegar uma supernotícia às 18h30min, por exemplo, dificilmente entrará. E o jornal tem de ter também matérias pensadas, produzidas. Mônica diz que gosta muito do trabalho, da equipe, que é legal, que tem boas condições de trabalho e sente orgulho de estar ali. Chama a atenção para o fato de Bonner ter muita credibilidade e o jornal ter muita liberdade. Diz que não há temas ou assuntos "proibidos". "Tudo entra se for bem-feito", garante. Esporte e saúde são temas que agradam muito. No fechamento, o diretor executivo de jornalismo da emissora, Ali Kamel, vê as matérias e as aprova ou não. Fica bastante evidente que há várias instâncias de poder que atuam na tomada de decisão. Bonner, como editor-chefe do jornal, tem um peso muito grande, mas o diretor executivo de jornalismo, Ali Kamel, é quem dá a palavra final. Em situações muito especiais, o próprio diretor consultará e acatará a decisão do diretor da Central Globo de Jornalismo, Carlos Henrique Schroder. Um exemplo desse tipo de situação foi a decisão sobre como noticiar a morte do dono da empresa, Roberto Marinho, em 6 de agosto de 2003. O fato é narrado em detalhes no livro sobre o *JN* (Memória Globo, 2003:384).

Às 13h, Bonner me convida para almoçar no restaurante da emissora, com ele, Márcia Menezes, a subeditora do jornal, Alice Maria, diretora editorial de entretenimento e jornalista que trabalha na TV Globo desde o início da empresa, e Mônica Barbosa. No almoço, eles conversam sobre o *JN* e Alice Maria pede para Bonner pensar na comemoração do jornal, que fará 35 anos em setembro. Comentam se farão uma série de reportagens, se usarão imagens de arquivo e como será esse orçamento. Ela me pergunta sobre a minha pesquisa e fica curiosa. Márcia Menezes também pergunta e comenta que seu marido trabalha na universidade. Dá seus números de telefone e diz que está às ordens para o que eu precisar. Acabado o almoço, voltamos para a redação. Logo começará a reunião de pauta, na mesma sala, da qual participarão cerca de 12 editores, como os de economia, política, cidade, esportes, internacional, arte, da GloboNews e a editora e apresentadora Fátima Bernardes.

A reunião tem o mesmo clima descontraído do encontro da manhã, apenas é mais barulhenta. Antes de começar, Bonner me apresenta a todos e um dos editores me pergunta se estou fazendo uma etnografia. Há muitas brincadeiras e piadas com as matérias, como aquela sobre a jovem israelense que levou um tiro em Recife onde foi passar o carnaval. Os comentários são de humor negro sobre o fato de ela ter saído de um país violento e não ter querido vir ao Rio, com medo da violência. Em seguida, Bonner chama a atenção para o fato de, no dia anterior, terem desejado "ser independentes em relação ao governo e fomos impiedosos, hoje vamos aliviar. Ontem tivemos um momento Folha SP", diz, ironizando o aspecto crítico do jornal paulista. Comenta a matéria sobre os encartes de supermercado e chama a atenção, dizendo que o que sustenta a empresa de televisão é a publicidade. Não é a igreja, diz, fazendo alusão à Record, do bispo Macedo; não é baú, referindo-se ao SBT; nem é fazenda, lembrando o dono da TV Bandeirantes. Ele volta ao assunto Guga e diz que é honesto e ignora o fato – no caso, o jogo e o encontro com a tenista Maria Ester Bueno. E afirma que, se Guga sofre um acidente, "nós damos". Em seguida, faz comentários sobre o ministro da Saúde, referindo-se ao escândalo do transplante de medula, dizendo que ele é honesto e imita seu sotaque pernambucano. Afirma que o Serra é uma "cobra" e mesmo assim não ataca o Humberto Costa. No meio da conversa, ele solta um palavrão. Me olha, pede desculpas e brinca, dizendo que, como estou lá desde cedo, já tem intimidade para isso. Vários editores perguntam sobre as reportagens, fazem comentários. Em seguida, Bonner fala da matéria sobre a festa na aldeia indígena e diz "não gosto de índio". Imediatamente se corrige e diz "pelo amor de Deus, professora, eu não gosto de matéria de índio" e fala para os editores que "descobriu" que sou antropóloga... Em seguida, pergunta se gostei do VT e se acho que ele deve entrar no *JN*. Sorrio e ele diz que "o chato é que eles estão vestidos". Mais algumas brincadeiras, perguntas, e a reunião é encerrada. Ficam alguns editores para a reunião sobre a pauta do jornal do dia seguinte, sábado. A reunião é bem mais curta e começa com um comentário sobre o erro na matéria da véspera, sobre transplante de medula. Bonner diz que se deve fazer uma nova matéria e, dentro dela, dizer "nós erramos". "É um mico corrigir, já errou." São discutidas matérias sobre o aniversário da cidade do Rio, a Festa da Uva, uma festa portuguesa, entre outras. Termina a reunião e vou tomar um café com Bonner. Ele comenta que o dia está estressante e o jornal está estourado no tempo. Fala que gosta demais do que faz.

Voltamos para a redação, onde faço uma entrevista com ele (ver anexo 4), na mesma sala de reunião, durante mais ou menos uma hora. Ele é interrompido algumas vezes, tanto por alguém que entra, quanto pelo telefone. Mas fala com tranqüilidade e responde às perguntas sem pressa. A equipe está sempre em contato direto, através de um telefone interno portátil Nextel.

Quando retornamos à redação, esta já está bem mais cheia, mais barulhenta, mais movimentada e as luzes estão sendo testadas. Está se aproximando o *deadline* do fechamento do jornal e cresce a tensão, como analisei em meu trabalho sobre os jornalistas (Travancas, 1993). A mesa onde é apresentado o *JN* fica na mesma sala, em um jirau bem visível. Ali Kamel está na redação e discute com Bonner os assuntos do telejornal. Bonner está sentado, escrevendo o texto do jornal. Volta e meia, é interrompido pela subeditora, que pergunta alguma coisa. Fátima fala com os filhos ao telefone. Sai e já volta arrumada para apresentar o jornal. Um editor traz a fita com a matéria sobre o Bolsa-Família para o Bonner, que me chama para ver junto com ele. Não gosta. Diz que parece *press release,* onde o entrevistado fala olhando para a câmera e não para o repórter. A matéria cai.[9] Ele pede que seja refeita, para entrar no jornal de sábado. Bonner me apresenta a Ali Kamel. Os dois vão conversar na sala de reunião. Falta pouco tempo para o jornal entrar no ar. Fátima pede a um funcionário da redação que, na hora do noticiário, ele me leve à sala de corte para eu assistir de lá. Assim, acompanho os efeitos e a contagem do Ibope. Bonner sai da redação e volta logo depois, já pronto para apresentar o jornal. Até o último minuto, discute e avalia o que entrará no jornal. Começa mais uma edição do *Jornal Nacional.*

Os conceitos de notícia e o *Jornal Nacional*

O pesquisador inglês Stuart Hall (1980, citado em Wolf, 2004:121) afirma que a cultura não é uma prática nem simplesmente uma descrição dos hábitos e costumes de uma sociedade. Ela aparece através de todas as práticas sociais e das suas inter-relações. Nesse sentido, os meios de comunicação de massa têm uma função importante e atuam como elemento ativo de elaborações coletivas. Ainda que muitas vezes os jornais e os jornalistas sejam considerados fontes secundárias para o estudo de nossas sociedades complexas, penso que eles são uma chave na produção

---

[9] Cair ou derrubar: termo que significa que a matéria não entrará no jornal por motivos técnicos ou editoriais.

cotidiana de representações coletivas. E, como destaca Sara Dickey (1997:1) em seu artigo "La antropología y sus contribuciones al estudio de los medios de comunicación", o que está em questão é a *potência* que essas representações têm na construção de imaginários, identidades e relações de poder. E, sem querer endossar a perspectiva da chamada "teoria crítica" ou "escola de Frankfurt", da qual T. Adorno e M. Horkheimer são expressivos representantes, creio que a mídia contribui na formação de subjetividades e no nosso próprio entendimento da realidade.

Neste trabalho, gostaria de destacar particularmente o papel da notícia na imprensa em geral e nos telejornais em particular. A meu ver, a notícia é um produto das complexas interações que constituem a vida social. Dentro de um amplo universo de fatos ocorridos, os jornalistas estabelecem critérios que determinarão quais desses fatos serão vistos como notícias e, conseqüentemente, divulgados. No tempo e no espaço, ao longo da história da própria imprensa, essas definições vêm se transformando, mas continuam sendo concepções simbólicas socialmente construídas. A notícia estará sempre ancorada em um critério de classificação, em uma taxonomia que os jornalistas compartilham, da mesma forma que seus leitores, ouvintes e telespectadores. Já em 1901, o pensador francês Gabriel Tarde, autor clássico das ciências sociais, discutia o conceito de opinião pública partindo da análise da relação do leitor com seu jornal (Tarde, 1992:42).

> Após alguns tenteios, o leitor escolheu seu jornal, o jornal selecionou seus leitores, houve uma seleção mútua, portanto uma adaptação mútua. Um submeteu-se a um jornal de sua conveniência, que adula seus preconceitos ou suas paixões; o outro, a um leitor do seu agrado, dócil, crédulo, capaz de ser dirigido facilmente mediante algumas concessões a suas idéias análogas às preocupações oratórias dos antigos oradores.

Estabelece-se uma relação, um contrato, muitas vezes denominado "contrato de leitura",[10] entre o veículo e seu público. Está implícito que o público

---

[10] Para uma discussão sobre a idéia de contrato de leitura, ver, entre outros, Verón (1980). A noção de contrato de leitura foi desenvolvida por Eliseo Verón. Ele entende o contrato como um dispositivo de enunciação adotado para um suporte. E não importa o meio – pode ser jornal, cinema, rádio ou TV. O que importa é a relação entre o suporte e o seu público. A análise do contrato abrange todos os dispositivos: a cobertura, a relação entre texto e imagem, o modo de classificação dos textos, os títulos e as chamadas, a paginação, assim como os percursos propostos ao leitor.

aprova, ou pelo menos aceita, o filtro seletivo realizado diariamente pelos jornalistas, filtro que produz um modo de leitura da realidade social. O *Jornal Nacional* estabelece esse vínculo com a sua audiência, por mais ampla que ela seja. O editor-chefe do jornal, William Bonner, comenta que o público pode não saber o que vai ver no *JN*, mas sabe o que não vai ver, como ficou demonstrado através de uma pesquisa de opinião feita pela empresa. Bonner afirma que "o público não vai ver sangue, não vai ver imagens que possam chocá-lo desnecessariamente, não vai tomar conhecimento de detalhes escabrosos de crimes escabrosos". Não é à toa que a expressão usada pelo público pesquisado é "o jornal cobre as coisas, mas de um jeito limpo". E é isso que ele espera do *Jornal Nacional*.

E esse público não se dá conta do que ficou fora do seu noticiário e de como o que entrou foi selecionado. Ele dá ao jornalista "carta branca" para, a partir de seus critérios e hierarquias, selecionar as informações que ele precisa ou deseja saber. Para isso, foram criados os valores-notícias. São critérios para se selecionar, dentro do material disponível na redação, o que deve ser incluído na edição final, e funcionam também como guia, sugerindo o que deve ser enfatizado e o que deve ser omitido na apresentação da notícia. Os valores-notícias ajudam a entender um pouco a velocidade e a superficialidade com que os jornalistas decidem o que merece ser abordado e o que ficará de fora. A descrição que fiz das reuniões de caixa e de pauta do maior e mais poderoso telejornal da televisão brasileira é um exemplo disso. Alguns autores chegam a dizer que notícia é aquilo que os jornalistas definiram como tal. Entretanto, o que me parece importante destacar dentro dessa lógica cotidiana dos jornais é como essa seleção, baseada nas chamadas "rotinas produtivas", é necessária para a sobrevivência das empresas jornalísticas. Foi preciso criar regras e critérios que possibilitassem lidar com a grande quantidade de acontecimentos imprevistos. A seleção é uma resposta prática ao fluxo ininterrupto e abundante de acontecimentos. Como destaca Gans (1979, citado em Wolf, 2004:224): "*La selección de las noticias es un proceso decisional y de opción realizado rápidamente (...) Los criterios deben ser aplicables fácil y rápidamente, de forma que puedan tomarse decisiones sin reflexionar demasiado*". E isso, sem dúvida, exige um consenso entre os jornalistas sobre essas escolhas e também uma situação hierárquica clara, onde os que têm mais poder podem impor seus pontos de vista. Um exemplo desse tipo de situação foi a sugestão de uma matéria sobre os bombeiros que o editor do *JN* vetou.

A TV E A NOTÍCIA   55

Por outro lado, percebo que esses elementos ajudam na formação de uma visão de mundo dos jornalistas, também já discutida em outro trabalho (Travancas, 1993). Entretanto, o que ressaltaria aqui é a idéia de que esses valores-notícias vão sendo naturalizados pelos jornalistas em seus cotidianos profissionais. E acabam operando como estruturas ocultas que exigem destes um conhecimento consensual sobre o mundo. Isso implica a noção de que o jornalista tem um "sexto sentido", um "faro para a notícia", noção esta que se aproxima da idéia de notícia como algo raro e de interesse humano. Essa idéia, porém, não evidencia as distintas dimensões culturais e ideológicas que permeiam as notícias, nem as relações de poder que estas muitas vezes ocultam.

É a partir do entendimento de consenso como um princípio organizador básico da informação que se pode analisar a afirmação de Bonner sobre a notícia no *Jornal Nacional*. O seu compromisso é "mostrar todos os dias, independentemente do tempo de produção disponível, aquilo que de mais importante se deu no Brasil e no mundo naquele dia". Essa é, a seu ver, a função mais importante do jornal. Parece consenso, entre os jornalistas, que a notícia de interesse humano, pela sua raridade, terá sempre espaço. Novamente, trago como exemplo a edição do *JN* que acompanhei. Numerosos assuntos foram abordados e discutidos ao longo do dia. Alguns foram selecionados, outros adiados, outros ainda excluídos, a partir de critérios em alguns momentos mais explícitos, em outros mais automáticos, mais naturalizados. Na edição do dia 27 de fevereiro de 2004, nessa "bricolagem" que dá aos telejornais uma forma fragmentária, com assuntos muito distintos, tratados de maneira geral de forma superficial, com uma preocupação maior de localização, seja ela geográfica ou social, entrou uma nota sobre um turista australiano que foi preso no Rio naquele dia por ter tirado a roupa no Corcovado. Em que medida esse tipo de informação atende a exigência do editor de mostrar o que de *mais importante se deu no Brasil naquele dia*? A curiosidade, o pitoresco, a idéia de *soft news* certamente atuaram na escolha dessa notícia.

O *Jornal Nacional* estaria, assim, produzindo um "jornalismo de entretenimento", tal como o entende Cristina Ponte (2004:119); um jornalismo que considera importantes as notícias que dão interpretações de um acontecimento baseadas no "interesse humano", na perspectiva do inusual ou insólito; um jornalismo que, mais do que informação, busca fatos que envolvam gente comum em situações estranhas, a vida privada de pessoas notórias ou situações excepcionais ou heróicas. Essas análises ajudam a entender que o *JN* se constrói como um jornal de informação e de entretenimento. E todas essas reflexões só confirmam a perspectiva já diversas vezes apontada por Eugênio Bucci (2000:27) de que o telejornalismo é emocional. A seu ver, o telejornal somou à idéia de espetacularização um procedimento melodramático, como se o que estivesse sendo apresentado fosse quase uma ficção. Dessa idéia de ficção e de narrativa presentes no noticiário televisivo, assim como a abundância de estratégias de personalização da notícia, falarei mais adiante, quando abordar a recepção do jornal pelos estudantes universitários. Para encerrar esta etapa, porém, eu destacaria um comentário feito por Bonner, no final do dia em que estive acompanhando a produção do *JN*. Ele abordou alguns trabalhos acadêmicos de pesquisadores que, como eu, passaram o dia na redação e observaram as rotinas do jornal. "Eles falam mal do jornal, criticam muito. Você também vai fazer isso." Fiquei pensando o quanto esses dois mundos – o jornalístico e o acadêmico – são distantes e têm poucas relações de troca. E cito um trecho de Golding-Elliot (citado em Wolf, 2004:218), abordando essa relação: "O que o sociólogo descreve como uma conseqüência inevitável da organização produtiva, o jornalista entende como uma acusação de manipulação ou de incompetência".[11]

Brasil e televisão, televisão = Brasil

A televisão não tem sido um tema privilegiado pelas ciências sociais. Só mais recentemente têm surgido, no Brasil, trabalhos que reflitam de forma mais sistemática sobre os meios de comunicação em geral e sobre a televisão em particular. Concordo com Jesus Martín-Barbero (2001:25) quando ele afirma "que os intelectuais e as ciências sociais na América Latina continuam majoritariamente padecendo de um 'mau-olhado', que os faz insensíveis aos desafios culturais que a mídia coloca, insensibilidade intensificada diante da televisão". A seu ver, a televisão é menos um instrumento de ócio e diversão do que uma formadora de imaginários coletivos a partir dos quais as pessoas se identificam e se reconhecem. Penso que ela não pode ser entendida somente na perspectiva de domínio ou impacto, mas principalmente a partir do seu *papel* na vida cotidiana de seu público.

---

[11] Tradução livre minha.

A TV E A NOTÍCIA   57

A televisão no Brasil é um caso particular. Não vou aqui recontar sua história ou estudar o poder da TV Globo neste contexto, trabalho este já realizado por diferentes autores (Kehl, Bucci, Ribeiro, Simões, Capparelli, Wolton, entre outros). Vale salientar que o *Jornal Nacional* integra a Rede Globo, uma *holding* que reúne empresas que realizam múltiplas atividades e com investimentos diversos, como jornais, rádios, revistas, editora, internet e TV a cabo, além de canais de TV aberta. A TV é uma delas e o telejornal está inserido nesse conjunto maior. Mas não se pode deixar de lado o seu significado em um país que não lê. A população brasileira não tem hábito de leitura, nem de jornais nem de livros, estando o consumo destes restrito a uma pequena parcela da população. Sabemos também que o alcance da televisão no Brasil é de praticamente 100% das casas e que, nesse contexto, a TV Globo ocupa um lugar privilegiado. Não é à toa que esta, durante anos, se autodenominou "campeã de audiência", estando sempre à frente das outras emissoras em praticamente todos os horários.[12] Benedict Anderson, em sua obra *Nação e consciência nacional* (1989), afirma que a idéia de nacionalidade é construída, e que algumas práticas são fundamentais para a unidade desse conceito em termos imaginários. Ao analisar a questão das fronteiras européias, ele chama a atenção para o fato de o hábito da leitura do jornal ser uma prática importante para a disseminação de um sentimento de pertencimento, como se os leitores se imaginassem formando uma comunidade. A partir dessa idéia, creio que é possível entender o lugar da televisão e, no caso desta pesquisa, o lugar da TV Globo e do próprio *Jornal Nacional* como veículos de construção de um imaginário nacional, e seus telespectadores como participantes dessa comunidade. Até porque televisão e TV Globo se confundem no Brasil.

Para Eugênio Bucci (2004:222),

> a televisão é hoje o veículo que identifica o Brasil para o Brasil. Tire a TV de dentro do Brasil e o Brasil desaparece, ou seja, a "representação que o Brasil faz de si mesmo praticamente é desligada". A TV une e iguala, no plano do imaginário, um país cuja realidade é constituída de contrastes, conflitos e contradições violentas.

---

[12] Em 1965, a audiência da TV Globo na cidade do Rio de Janeiro era de 28%. Em 1968, a TV Globo já estava com 49% e, desde 1966, era a emissora mais vista da cidade (Kehl, Simões e Costa, 1986).

Foi dessa maneira que a TV conseguiu produzir uma unidade imaginária num espaço de contrastes. Sem essa unidade, o Brasil talvez não se reconhecesse. Não é à toa que o *slogan* da Globo – "Globo, a gente se vê por aqui" – tem tanto sentido, como Bucci também comenta. O "aqui" tem duplo significado: é a emissora e o país, que se confundem e se misturam.

O sociólogo Sérgio Miceli (Novaes, 1999:196), ao refletir sobre o peso da televisão no Brasil, comenta os resultados de uma pesquisa comparativa sobre a recepção dos meios de comunicação de massa feita em cinco capitais latino-americanas. Um dos aspectos interessantes salientados pelo sociólogo é o fato de a televisão desfrutar, na visão do público espectador, "de uma situação de virtual hegemonia no interior da indústria cultural brasileira". Ficou evidente, com as pesquisas, a supremacia da televisão sobre os outros meios de comunicação, ainda que essa hegemonia seja nuançada em relação às classes sociais. Quanto mais pobre e com mais baixa alfabetização, maior o peso da televisão.

"Poderosa, mas não tanto", afirmava a antropóloga Rosane Prado (1987), em artigo baseado em sua pesquisa de mestrado sobre recepção, realizada em Cunha, cidade do interior de São Paulo, envolvendo mulher e novela. A autora parte da perspectiva da escola de Frankfurt, que vê a televisão como impositora de padrões de comportamento e pasteurizadora, para discutir o poder da televisão e perceber que ela tem limites. O consumidor, na sua opinião, filtra, processa e digere as mensagens recebidas de acordo com o seu referencial. Ela chama a atenção para a relevância da presença do telespectador. O que percebeu foi que o veículo não tem influência direta nos fatos locais, como festas e eventos políticos da cidade. A telenovela é entendida como um "outro mundo" e, principalmente em relação às mulheres, aos seus comportamentos e atitudes, há uma forte diferenciação entre a "mulher de novela" e o que a antropóloga chama de "mulher de verdade". A mulher de novela atinge a mulher de verdade, as mulheres de Cunha que ocupam o espaço tradicional do mundo da casa. Há um desejo de ruptura com os padrões morais e de comportamento de uma cidade pequena, em contraste com os apresentados na novela como característicos da cidade grande. Por outro lado, há uma percepção da diferença, que aponta para a possibilidade na ficção e a impossibilidade na vida real.

A leitura social da novela das oito, de Ondina Leal (1986), é um dos primeiros trabalhos antropológicos sobre recepção de televisão no Brasil. Trata-se de um estudo pioneiro e que se mantém extremamente atual. Leal analisou a recepção da telenovela *Sol de verão*, da Rede Globo de Televisão, exibida de 1982 a 1983, a partir de dois grupos distintos, identificados pela autora como pertencentes às classes populares e às classes dominantes. Ela trabalhou com 10 famílias de cada grupo por considerar que há um pressuposto de que novela é uma história de famílias e a interpretação da mensagem se dá através de uma dimensão subjetiva desse universo doméstico, abordagem esta valorizada por diversos autores como Morley, Silverstone e Hartley.

Leal define a sua pesquisa como uma etnografia de audiência. Mas antes de chegar a ela e a suas particularidades, que também orientam e definem esta pesquisa, valeria acompanhar, ainda que rapidamente, o percurso dos estudos de recepção.

Nilda Jacks e Ana Carolina Escosteguy (2005) já descreveram, e bem, esse trajeto. Para as duas pesquisadoras, ao longo dos 30 anos de pesquisa em comunicação no Brasil, os estudos de recepção foram se modificando e se enriquecendo. As pesquisas sobre as chamadas práticas de recepção midiática no Brasil têm sido predominantemente pesquisas de audiência de televisão, de natureza empírica e qualitativa – ainda que o termo audiência se refira aos públicos de mídia tradicional e seja também utilizado em pesquisas mercadológicas sem fins acadêmicos.

No contexto internacional, os estudos sobre os efeitos dos meios e seus usos são denominados pesquisas de audiência. Já os estudos de recepção estão preocupados principalmente com as relações que os indivíduos estabelecem com os meios de comunicação de massa. O papel de Martín-Barbero (2002:39) nesse processo foi fundamental. Para ele, a recepção não é apenas um dos elementos da comunicação, mas "um lugar novo, de onde devemos repensar os estudos e a pesquisa de comunicação". As pesquisas de audiência mais ligadas ao mercado, realizadas desde a década de 1960, tratam o indivíduo como consumidor sobre o qual o emissor terá grande influência. Por outro lado, os trabalhos da área acadêmica viveram a década de 1970 como um divisor de águas, com a influência da teoria crítica da chamada escola de Frankfurt, entre outras, que enfatizava a força da ideologia e o papel preponderante dos meios sobre os receptores.

Segundo Jacks e Escosteguy, é a partir dos anos 1980 que crescerá o número de pesquisas de audiência. E dois trabalhos se tornariam referência, cada um em uma vertente distinta de estudo: a pesquisa já citada de Ondina Leal, de 1986, e *Muito além do Jardim Botânico*, de Carlos Eduardo Lins da Silva, de 1985. O segundo trabalha com a recepção do *Jornal Nacional* entre trabalhadores de duas cidades diferentes, realizando uma "pesquisa-ação". E *A leitura social da novela das oito* é um marco por ser uma pesquisa sobre o universo da comunicação, realizada no campo da antropologia e produzindo uma "etnografia de audiência".

Para Leal (2002:117), o eixo central desse tipo de investigação está na noção de cultura como um sistema de significados. E a diferença do seu trabalho para o de Lins da Silva[13] está no fato de que naquele há uma limitação, já que as pessoas não estão em seu local de moradia, não sendo resgatado o cotidiano da recepção. "Não temos o *como* as pessoas recebem determinada mensagem, mas uma *opinião* a respeito da mensagem", destaca Leal. Para a antropóloga, é fundamental perceber como o receptor assiste, respira e interage com o que está vendo. E, por isso, afirma fazer uma "etnografia de audiência" e não de recepção, uma vez que o termo audiência remete mais à idéia do coletivo, já recepção dá uma idéia de individualização. A seu ver, o momento da recepção na perspectiva antropológica é um *evento de fala*. O objetivo seria realizar uma etnografia da fala onde todos os comentários, gestos, intervenções e ausências fazem parte do processo de recepção.

Manter essa perspectiva antropológica de captar "o ponto de vista dos nativos", como dizia C. Geertz, de se aproximar do "outro" e compreender e interpretar suas interpretações, é o que guia esta pesquisa. Ela procura investigar os usos da televisão e seus significados simbólicos para diferentes pessoas que assistem a diferentes tipos de programas em diversos contextos e em momentos variados. Por isso o *Jornal Nacional* foi escolhido como foco da pesquisa.

Roger Silverstone (1996:20), ao analisar a dimensão da televisão na vida cotidiana, comenta que ela nos acompanha desde a hora em que acordamos até quando vamos dormir. A TV hoje é vista como "natural", mas tivemos de nos habituar a ela, de incorporá-la à nossa vida. Fazendo alusão a A. Schutz (1973:229), ele afirma que *"nuestra experiencia de la televisión es como nuestra experiencia del mundo: no esperamos ni imaginamos que pudiera ser significativamente diferente"*. E ainda que alguns a definam como um mero eletrodoméstico, Silverstone aponta, em sentido metafórico, que a televisão se tornou um membro da família nas sociedades complexas modernas.

---

[13] O trabalho de Lins da Silva analisa a recepção de grupos de trabalhadores reunidos especificamente para ver o programa de televisão escolhido.

3

Os filhos da televisão

Pensar em juventude significa pensar em pluralidade e movimento. Na introdução de *Galeras cariocas*, Hermano Vianna (1997:7-16) já chamava a atenção para a dificuldade de definição do jovem contemporâneo, ao mesmo tempo que ele é foco de muitas preocupações. A juventude se tornou uma categoria privilegiada na cultura de massa das sociedades capitalistas e aparece como um conceito mais amplo do que simplesmente uma faixa etária. É uma identidade social comunicada e reconhecida através da indústria cultural. Bourdieu (1983:112) ressalta a arbitrariedade das divisões entre as idades. A seu ver, trata-se de uma divisão de poderes, entre jovens e velhos.

Hoje, já são muitas as pesquisas sobre juventude na área de ciências sociais. Basta citar as realizadas por Tracy e Almeida (2003), Margulis (2000), Caiafa (1989), Vianna (1988, 1997), Alvim e Gouveia (2000), Abramo (1993), Pais (1993), além dos textos clássicos de Bourdieu (1983), Morin (1986, 1990) e Levi e Schmitt (1996).

Um dos mais importantes trabalhos publicados recentemente, que busca apresentar um grande panorama da juventude brasileira através de numerosos aspectos, é *Retratos da juventude brasileira* (2005), organizado por Helena Wendel Abramo e Pedro Paulo Martoni Branco. Ele é o resultado de um amplo levantamento quantitativo para conhecer o perfil da juventude brasileira, a parcela da sociedade que tem entre 15 e 24 anos e envolve 34 milhões de brasileiros. Ao longo de mais de 10 artigos, são tratados e discutidos temas como escola, trabalho, religião, política, identidade juvenil e lazer, entre outros. Sabendo da dificuldade de se apresentar um painel homogêneo, os autores afirmam, "não que os jovens sejam iguais em todo o país, mas as diferenças existentes são de matizes" (Abramo e Branco, 2005:17).

O jovem está inevitavelmente ligado ao futuro, às mudanças, à realização ou não de expectativas. E mais particularmente quando esses jovens estão nas universidades. São estudantes. Ainda não ingressaram completamente no mundo "adulto", no mundo do trabalho, mas já abandonaram a escola secundária, fizeram escolhas de carreiras e muitos deixaram suas famílias e cidades para estudar em um grande centro.

E ser estudante está muito associado à juventude. Helena Abramo, em *Cenas juvenis:* punks *e* darks *no espetáculo urbano,* afirma que "a condição juvenil é por excelência a condição estudantil, como um setor particular que pode 'permanecer' de fora do processo produtivo" (Abramo, 1993:20). E ser estudante, independentemente de trabalhar também ou não, é a identidade principal desses jovens. Para muitos, não é como na década de 1960, quando os estudantes eram figura central das grandes mobilizações e sujeito das mudanças sociais, mas uma geração que está conseguindo chegar à universidade. Quando esta só era acessível para uma elite. E se esses estudantes não se mostram muito mobilizados, ou mesmo engajados em causas políticas, isso não me parece exclusividade deles e aponta uma questão mais de geração que tem suas especificidades marcadas pelo contexto histórico.

O grupo pesquisado é formado por 16 jovens que estudam no Rio de Janeiro, mas nem todos são cariocas. São cinco homens e 11 mulheres que residem em 13 bairros distintos; seis são estudantes da Zona Sul, seis da Zona Norte e quatro da Zona Oeste. Cinco são alunos do curso de serviço social, cinco de comunicação social, três de pedagogia e três de medicina.

Acho que valeria a pena me deter mais no grupo analisado, uma vez que ele é bastante heterogêneo em muitos aspectos. Poderíamos dizer que ele está apenas ancorado nas duas perspectivas da pesquisa: juventude universitária. Esses jovens pertencem a estratos sociais distintos, têm vivências familiar e cultural diversas, situação financeira discrepante, sem falar nas próprias carreiras, opinião política e religiosa. Os seus próprios projetos pessoais e profissionais são muito variados. Aqui lanço mão da noção de projeto utilizada por Gilberto Velho (1987:26). Para

Velho, não é possível pensar em projeto "puro", sem referências ao social. A seu ver, "os projetos são elaborados e construídos em função de experiências socioculturais, de um código, de vivências e interações interpretadas". E isso ficou evidente na escuta dos entrevistados. Para vários deles, há um projeto profissional que está por trás da entrada na universidade, particularmente no caso dos estudantes de medicina e comunicação social. Para a maioria dos estudantes de serviço social e pedagogia, a entrada na universidade é o "projeto", e a carreira profissional é conseqüência e não fruto de uma escolha. Para muitos estudantes desses dois cursos, não há uma tradição universitária em suas famílias. Vários são oriundos de famílias de camadas populares onde os pais apenas completaram o curso primário e, só em poucos casos, o segundo grau ou curso superior.

Dos cinco estudantes homens, três fazem o curso de medicina, um de comunicação social e um de serviço social. Nos dois últimos cursos, eles são exceção, pois o número de mulheres é muito maior. Dos que pretendem se tornar médicos, dois cursam faculdades particulares (Gama Filho, em Piedade) – um reside na Barra da Tijuca e outro em Piedade (Zona Norte) – e o terceiro cursa uma universidade pública (UFRJ, no Fundão) e reside em Laranjeiras (Zona Sul). Os dois que seguem carreiras de humanas moram na Zona Norte do Rio, nos bairros da Tijuca e Irajá. O aluno do curso de comunicação estuda em uma faculdade particular (Estácio de Sá, *campus* Rebouças) e o de serviço social, residente em Irajá, cursa uma universidade pública (UFRJ, na Praia Vermelha/Urca). No caso de medicina, cursar uma faculdade particular implica um alto poder aquisitivo. Vários estudantes prestaram vestibular para universidades públicas, alguns mais de uma vez, e não obtiveram sucesso. Portanto, para muitos, estudar em uma faculdade particular é a única chance de seguir sua vocação.

Para o estudante de comunicação, a questão do poder aquisitivo não se coloca tanto porque a faculdade que cursa não é tão cara quanto a de medicina, o que lhe permitiu entrar na universidade, inclusive com bolsa. Ele nem tentou fazer o vestibular para uma faculdade pública por considerar suas chances muito reduzidas. Só estudou em colégios públicos e não acreditava que sua formação viabilizasse isso. O estudante de serviço social está em uma universidade pública mais por escolha da universidade do que pelo curso em si, uma vez que não passou para a faculdade de veterinária. E percebeu que, com a sua pontuação, poderia entrar em outra área. E foi o que aconteceu. Entretanto, destacaria que, se no início essa carreira não lhe interessava – pensou mesmo em desistir –, ao longo dos semestres, em função das disciplinas, dos professores e das leituras, foi "descobrindo" a carreira e gostando. Trata-se de um jovem da Zona Norte, que mora em casa própria, cujos pais têm carro e que estudou em colégios particulares do seu bairro.

Em relação às mulheres, há muitas diferenças. Entre elas, nenhuma cursa medicina. As 11 fazem cursos da área de humanas. Das estudantes de serviço social, três são de fora do Rio, duas das quais moram no alojamento estudantil do Fundão e dividem o mesmo quarto. Outra do mesmo curso é também de fora do Rio e mora em um pensionato em Botafogo. E a quarta mora na Penha, com os pais. Todas são alunas da UFRJ. Há diferenças de estrato social entre elas. As residentes no Fundão são oriundas de camadas mais populares e recebem bolsa; para elas, residir no alojamento viabilizou seguir o curso. A aluna que mora em um pensionato queria muito sair de sua cidade no interior de Minas Gerais e os pais acabaram aceitando sua escolha e a sustentam financeiramente. A que mora em Irajá é uma aluna de camadas médias, cujo sonho era seguir a carreira de psicologia, mas não conseguiu passar no vestibular. O que há em comum é o fato de muitas delas não terem tido desejo de seguir a profissão de serviço social. Essa carreira foi conquistando-as no desenrolar do curso.

As três estudantes de pedagogia estudam na mesma universidade particular (PUC, na Gávea). As duas primeiras, oriundas de pré-vestibulares para negros e carentes, são bolsistas e residem na Cidade de Deus. Para elas, entrar na universidade significou uma vitória e tornaram-se exceção em suas famílias. A terceira mora no Leblon, Zona Sul do Rio, estudou em colégios particulares, já viajou para o exterior, pertence às camadas médias altas e escolheu cursar pedagogia. Sabe que seu curso não é valorizado devido à facilidade de entrada, o que também explica a grande quantidade de alunos oriundos de pré-vestibulares para negros e carentes que não conseguiram ingressar em outros cursos.

As quatro alunas de comunicação social se dividem em duas universidades. Duas freqüentam faculdades particulares (Estácio de Sá, *campus* Rebouças) e duas estudam em faculdades públicas (UFRJ, na Praia Vermelha/Urca). Fazer comunicação em faculdades particulares permitiu a essas duas jovens – uma de Copacabana e outra do Engenho Novo – ingressar na universidade e seguir o curso que queriam. A aluna residente em Copacabana é de camadas médias altas, mora com os pais, estuda e trabalha. Começou a trabalhar como vendedora recentemente. A outra mora no Engenho Novo, é de camadas médias, vive com os pais, ele taxista, ela professora. Não trabalha nem faz estágio. As duas estudantes da universidade pública residem em Bangu (Zona Oeste) e ńa Tijuca (Zona Norte), moram com os pais – que têm curso superior – em casa própria e pertencem às camadas médias. Estudaram em colégios particulares de seus bairros, são estudiosas e sempre sonharam ser jornalistas (uma delas tentou o vestibular para a UFRJ mais de uma vez).

Esse universo que pesquisei – estudantes universitários cariocas – tem idade em torno dos 20 anos. Entre os 16 entrevistados, apenas dois têm mais de 25 anos. Portanto, todos nasceram depois da televisão. A entrada da televisão na vida social é algo de que não vão se lembrar, uma vez que a televisão começou a funcionar no Brasil na década de 1960, quando a maioria ainda não tinha nascido. Esse dado me parece importante porque ajuda a entender a relação de extrema familiaridade desses indivíduos com o veículo. Esse pode ser um interessante ponto de partida para entender a "naturalização" do próprio meio.

Acho que essa "naturalização" aponta uma relação específica com o veículo, uma relação de intimidade. Perspectiva diferente daqueles que viram a entrada em casa do aparelho televisor, acompanharam a escolha do lugar mais adequado para instalá-lo na casa, o significado simbólico da sua posse, e a fascinação pela idéia de um "cinema" em casa. Era a televisão em preto-e-branco. No Brasil, a televisão em cores chegou em 1972. O novo aparelho logo virou sonho de consumo. Para esses jovens, no entanto, parece estranho pensar em uma vida sem televisão. Ela é parte da rotina, da casa, da vida. Ela é, sem dúvida alguma, mediadora da realidade. A realidade também é entendida, compreendida e absorvida através da sua mensagem. Não creio que a televisão seja a manipuladora exclusiva dessa realidade, como afirmam esses jovens. Ela é uma fonte de informação e, para muitos, de conhecimento. Mas uma, não a única, nem para todos a mais importante. Mas, sem dúvida, é referência.

Acredito que essa percepção da televisão como parte da vida social ajuda a entender o fato de a maioria desses jovens destacar que via muito televisão, que adorava televisão quando menor ou criança. Eles ficavam horas diante da telinha. O que não acontece mais hoje em dia. Para muitos, por falta de tempo; para outros, por decisão pessoal; para alguns, por um certo "desencantamento com o mundo televisivo", especialmente o jornalístico. Vários jovens acreditam que a televisão continua sendo fonte de prazer, diversão e relaxamento. Nessa perspectiva está enquadrado também o *Jornal Nacional*. Não é apenas a novela que é classificada como entretenimento ou forma de relaxamento da rotina estressante do dia-a-dia. Mas como um jornal que muitos afirmam só mostrar notícia ruim, com muitas matérias sobre guerra e violência, muito negativas, pode ser um produto relaxante? Acho que há algo presente no veículo, na empresa Rede Globo e no próprio *Jornal Nacional* que aponta a permanência, a manutenção de um certo *status quo* que tranqüiliza quem a ele assiste. Ele estabelece e reafirma uma barreira. O que está na telinha é o mundo. Em chamas. Não é o "meu" mundo. Quando desligo o canal, me desligo de tudo aquilo que ele mostrou e respiro com alívio porque aquele é "outro" mundo. Uma idéia parecida com a apresentada pela antropóloga Rosane Prado (1987), ao falar da relação das mulheres da cidade de Cunha com as personagens femininas das novelas. "Mulheres de novela" não são "mulheres de verdade".

Por outro lado, para Silverstone (1996:38), os noticiários constituem um ciclo muito bem equilibrado na produção de angústia e calma. Ele ressalta que não é apenas o conteúdo dos jornais que tranqüiliza, mas o seu formato. A maneira como são ordenadas as notícias, os sorrisos dos apresentadores e a última matéria, de "interesse humano", presente em todos os telejornais do mundo, buscam dar segurança ao telespectador. Isso porque a televisão, como um todo, funciona como ordenadora da vida social, das rotinas familiares. Para o pesquisador (Silverstone, 1996:44),

> *La televisión como provedora de entretenimiento y de información: con sus géneros y narrativas nos estimula y nos perturba, nos da paz y tranquilidad, y nos ofrece dentro de su propio orden una expresión y un fortalecimiento de las temporalidades contenedoras de la cotidianidad.*

Os jornais fazem uma construção da realidade. Suas editorias e reportagens, a partir de um critério de seleção, trazem o "mundo" para suas páginas, rádios ou telas. Mundo que passa a ser classificado através da lógica jornalística. Martín-Barbero (2001:103) acredita que a "missão do jornalismo seria a de organizar o real, impor uma ordem ao caos". Por isso, faz tanto sentido que se critique nos telejornais, e neste caso no *Jornal Nacional*, a presença de matérias dramáticas, violentas e trágicas. Essa seleção, no entanto, é feita pelos jornalistas a partir de regras da redação, baseadas em uma idéia de consenso público, expressão aqui entendida não só como princípio organizador da notícia, mas também como

Os filhos da televisão

elemento que expressa a aceitação de uma mesma cultura e de uma mesma visão dos fatos. Sempre na perspectiva dos valores-notícias citados anteriormente. Assim, mesmo as notícias negativas ou desagradáveis são assimiladas por muitos telespectadores dentro de um critério classificatório do país e do mundo. Mesmo eventos dramáticos podem ser mais bem absorvidos se assimilados dentro de uma lógica própria. Mas nem todos pensam dessa forma. Não é à toa que uma entrevistada, I. Z., comentava que detestava o *JN* quando era pequena porque ele lhe dava medo e lhe provocava pesadelos. Ela associava, e ainda associa, a sua cor azul e seu cenário a fatos desagradáveis.

Outro aspecto presente em alguns trabalhos sobre televisão (Alves, 1981) e confirmado pelas entrevistas é a noção do veículo como uma espécie de "relógio social", que organiza as rotinas, destaca os rituais e enfatiza os papéis da vida familiar. São numerosos os depoimentos que expressam uma organização da vida cotidiana através dos programas. Se a pessoa chega tarde, "na hora do *Jornal Nacional*", se tem tempo livre à noite, "vejo a novela das oito", "meu pai ia para o trabalho depois do *Jornal Nacional*". É como se os programas já significassem a hora; como se ela estivesse implícita e fosse desnecessário dizê-la. No caso do *Jornal Nacional*, é interessante destacar que, para a maioria, é a hora da chegada em casa. Muitos afirmam que, se ficam mais tempo no estágio, ou se se atrasam no trânsito, perdem uma parte ou mesmo todo o jornal. E, nesse caso, as alternativas são variadas: *Jornal da Bandeirantes, Jornal da Record, Jornal da Globo*, ou os jornais da GloboNews, para quem tem televisão a cabo.

Outra questão que aponta os papéis sociais e familiares é a decisão acerca do canal e dos programas a serem vistos. A hora do *Jornal Nacional* é "sagrada" em muitas casas. A televisão principal, em geral na sala, estará ligada nele, mesmo que as pessoas não estejam sentadas assistindo, mas em outras atividades e apenas ouvindo o jornal. Como todas as casas que visitei tinham mais de uma televisão, há também maior possibilidade de negociação. Quando a criança quer ver a novela em outro canal, a mãe diz para ver em outro cômodo. A mãe da estudante que "odeia" a TV Globo diz que a filha não pode assistir ao jornal na televisão da sala, mas no quarto dela. No pensionato, já está determinado que a diretora vai assistir junto com as moças ao jornal. Esses são alguns exemplos dos poderes e papéis expressos na escolha do canal e do programa a ser visto.

A própria percepção da relação dos diferentes gêneros com a televisão vale ser analisada. A maioria dos homens entrevistados, ao comentar que gostava de ver novela, enfatizava esse fato, ressaltando que não tinha preconceito e gostava desse produto, que é considerado por muita gente exclusivamente feminino, diferentemente dos jornais, que seriam destinados ao público masculino. Os dados do Ibope sobre o *Jornal Nacional* de 2004, porém, não confirmam isso. Na pesquisa nacional, ao contrário, 59% do público do telejornal é feminino. A pesquisadora Sílvia Borelli (Borelli e Priolli, 2000) salienta que, a partir da década de 1970, a presença do público masculino na audiência de novelas cresceu muito. A seu ver, isso aconteceu não apenas em função do aumento de aparelhos de televisão e da consolidação do hábito de ver TV, mas em virtude de uma ampliação e de um diálogo do melodrama, base da novela, com a comicidade, a narrativa policial, a aventura e os gêneros *western* e erótico, o que acabou trazendo novas reflexões sobre os papéis masculino e feminino.

Para o estudioso de televisão David Morley (1996), a questão dos gêneros está ligada à noção de que a televisão, ainda que tenha sido produzida como um veículo de massa, é um meio predominantemente doméstico e em grande medida familiar. Alguns pesquisadores enfatizam, como ele, a dimensão familiar nas etnografias de audiência, destacando a importância de se analisar a recepção de uma família e não apenas de um indivíduo isolado. Embora respeite essa visão, acredito ser possível realizar um trabalho etnográfico com indivíduos em particular, levando em conta o contexto em que vivem, como se dá a sua relação com a televisão e a recepção dentro do ambiente familiar. Para tal, é necessário observar quais conflitos estão expressos em seus discursos sobre a TV e seus programas, e em que medida a televisão é um elemento de união e troca ou, ao contrário, fonte de disputas e luta de forças.

Em sua pesquisa com famílias, Morley (1996:215) percebeu que não se pode falar em um olhar feminino nem em um olhar masculino. Segundo ele, não é possível falar em uma recepção mais fixa, controladora e constante por parte dos homens, e mais distraída, inconstante e absorvida em outras atividades por parte das mulheres. O que se dá, segundo Morley, é muito mais uma expressão do poder masculino. Entre as negociações que ocorrem, o homem tem mais peso na decisão. E muitos fatores contam. Nas famílias pesquisadas por ele, pertencentes às classes trabalhadoras, onde muitas mulheres não trabalham fora de casa, o homem tem maior poder sobre os televisores. A começar pelo controle remoto. Uma mulher chega a afirmar (Morley, 1996:214): "*Nunca tengo la oportunidad de usar el control remoto. Se lo dejo para él. Es irritante porque yo puedo estar mirando un programa, y de repente él cambia de canal para ver el resultado del fútbol*. Entretanto, se o homem está desempregado e passa boa parte do dia dentro de casa, essa situação muda e ele permite que os outros membros da família vejam o que desejam.

Outro ponto interessante na pesquisa de Morley diz respeito à atitude em relação à televisão. Suas entrevistas demonstram que os homens sempre pedem às mulheres que "fiquem quietas" para eles não perderem nada. E não compreendem como se pode assistir a um programa e fazer outra coisa ao mesmo tempo. Além disso, poucos homens entrevistados admitem que conversam com seus amigos sobre televisão, ao contrário das mulheres, para quem o veículo e seus programas são freqüente assunto de conversa com as amigas. A única exceção ocorre com os programas esportivos.

Por fim, em relação ao estudo de Morley, gostaria de discutir a dimensão das novelas e dos noticiários para os públicos feminino e masculino. Para as entrevistadas de Morley, um dos maiores prazeres é poder ver uma "boa novela" ou a sua série favorita, principalmente quando a família não está em casa e elas se sentem livres das tarefas domésticas. Ao mesmo tempo, apresentam um discurso que desqualifica esses mesmos programas, criticando-os como mal interpretados e bobos, o que reforça a perspectiva de seus maridos sobre as escolhas femininas. Os programas escolhidos pelos homens têm mais prestígio: são chamados de "realistas" e incluem os noticiários e os documentários. Eles gostam de ver muitos telejornais, quase a toda hora, enquanto as mulheres só vêem os principais, preferindo os programas de "fantasia" e de ficção. Os maridos desqualificam a maioria dos programas desse gênero, afirmando que não são bons. E, para eles, ver televisão não é uma alternativa preferencial; ao contrário, optam por outras atividades em primeiro lugar.

Modos de ver

Achei importante acrescentar às minhas reflexões elementos oriundos da pesquisa de Morley, apesar de realizada na Inglaterra, pois eles me ajudaram a pensar sobre o meu universo e suas características. Assim, as distinções se dão inicialmente em função de um pertencimento à juventude. A recepção mais fluida, menos fixa, muitas vezes sem o indivíduo ficar sentado em frente ao aparelho de televisão, é uma marca da maneira de ver TV dos 16 jovens estudados. Com algumas exceções – particularmente dos dois estudantes mais velhos, que se dedicam com mais atenção a ver o *JN* de forma mais intensa, sem interrupções, ou pelo menos interrupções voluntárias –, quase todos os outros vêem o telejornal realizando outras atividades. Muitas vezes, apenas ouvem o jornal e só se aproximam da televisão quando a matéria lhes interessa.

E fico lembrando as afirmações dos manuais de telejornalismo que garantem que uma imagem vale mais que mil palavras... Quando o que pude perceber é que nem sempre a imagem vem na frente. Há uma recepção da TV idêntica à do rádio. Os telespectadores ouvem a televisão e, em momentos especiais, vão vê-la. Nenhum dos meus entrevistados afirmou fazer o contrário, ver sem o som. Até porque é possível conciliar a escuta com outras tarefas.

Vários estudantes estranharam a situação de ver televisão "parado" e comentaram sobre isso. Diziam que era muito raro verem daquela forma – sentado, atento e não se movimentando. Claro que aqui entra em cena nessa estranheza também a minha presença. A presença de uma pesquisadora que vê televisão junto e que vê você ver televisão na sua casa, na sua intimidade, o que pode ser para alguns constrangedor ou intimidador. Muitos pediam desculpas pela bagunça da casa ou do quarto; outros pediam silêncio aos outros membros da casa, principalmente às crianças; alguns chegaram a preparar salgadinhos com refrigerante; e uma estudante chegou mesmo a preparar um bolo para mim, na segunda visita à sua casa.

Ao enfatizar o "modo de ver" dos jovens, fluido e disperso, não quero afirmar que essa forma de ver é exclusiva dessa faixa etária. Algumas pesquisas já apontaram essa fluidez em outros segmentos, como as realizadas por Orozco Gómez (2001), Fischer (2002) ou Martín-Barbero (2001). Sei o quanto a presença do pesquisador interfere na cena da recepção, gerando muitas vezes um clima artificial. Entretanto, busquei ao longo da pesquisa problematizar a minha presença, tanto na relação com o estudante, quanto nesse texto que apresenta o trabalho. Alguns antropólogos (Cardoso, 1986) têm procurado discutir a presença do pesquisador e sua interferência no campo, sem contudo achar que esta impossibilita o trabalho, nem se iludir, acreditando que essa presença não modifica o grupo ou pode não ser notada.

Essa entrada na casa do "outro" como etapa fundamental da pesquisa é muito rica. O filme *Homens na cozinha* (*Kitchen stories*), uma produção sueco-norueguesa de 2003 dirigida por Bent Hanner, ilustra bem essa "invasão". Ele conta a história de uma pesquisa sobre como agem homens solteiros na cozinha. Para sua realização, são enviados pesquisadores à casa de alguns selecionados. Os pesquisadores devem ficar sentados na cozinha, observando seus "nativos", anotando tudo o que fazem e não entrando em contato com eles. Essa é a regra da pesquisa. Não estabelecer relação com o "outro". E o desenrolar do filme mostra a impossibilidade de manutenção dessa "regra de pesquisa" e a amizade que nasce entre pesquisador e pesquisado. Sem deixar de explorar com muito humor as especificidades desse tipo de pesquisa.

Assisti ao filme nos últimos dias do meu "campo" e ele me fez pensar sobre como é "estar lá" e qual o nosso papel. Muitos jovens comentaram que ver o *JN* comigo determinou mudanças. Muitos elogiaram algumas matérias, descobriam novidades e o contrário também ocorreu, quando, ao assistir com mais atenção, se mostravam mais críticos, comentando cada elemento, do visual ao texto, passando pelos apresentadores e imagens. Sem falar no prestígio que muitos sentiram de terem sido selecionados para a recepção. Quando na verdade se deu o inverso: os estudantes é que aceitaram participar da pesquisa, sem que houvesse uma seleção feita por mim.

Importa investigar, portanto, como se dá a prática de ver televisão. Em qual espaço da casa isso acontece? Quais as posições dos membros da família nesse espaço? E, principalmente, o que significa o ato de ver televisão para cada um deles?

Muitos dados ficaram evidentes nos questionários e nas entrevistas. Televisão é um assunto que esses jovens dominam de alguma forma. Eles têm posição definida sobre ela, conhecem os programas e os canais e têm um repertório grande de programas prediletos, dentro dos mais variados gêneros: do jornalístico ao ficcional, passando por filmes, desenhos animados ou programas esportivos. Muitas vezes faziam referência a programas dos quais eu nunca tinha ouvido falar. Ninguém estranhou meu questionário e nenhum dos 263 estudantes que responderam ao questionário declarou que não via televisão ou não tinha programas prediletos.

Isso me remeteu à tese de doutorado de Nara Magalhães (2004:84), quando a antropóloga comenta a sua surpresa com o desenrolar da pesquisa. Ela realizou uma etnografia com pessoas de camadas médias da cidade de Ijuí, no interior do Rio Grande do Sul. No primeiro contato, a grande maioria dos entrevistados afirmou que quase não via televisão, desprezando o veículo e seu conteúdo, numa clara perspectiva adorniana dos meios de comunicação de massa. À medida que avançava em sua etnografia, ela ia percebendo que, ao contrário do que afirmaram inicialmente, os entrevistados viam televisão e, mais do que isso, conheciam muito bem o assunto. Tinham opinião sobre programas, horários e conteúdos. A antropóloga passou então a tratá-los como "especialistas" em televisão. E foi percebendo suas visões do veículo.

Em primeiro lugar, o valor simbólico agregado a ele, explicitado pelo lugar em que estava colocado na casa. Em seguida, as formas de ver televisão e os programas mais valorizados em seus discursos. O *Jornal Nacional* apareceu com destaque. Os jornais são qualificados positivamente, desde que se saiba "assistir conscientemente", pois é necessário se manter informado. E a grande maioria escolheu o *JN* para assistir junto com a pesquisadora. A seu ver, o telejornal reunia aspectos contraditórios na visão de mundo de seus entrevistados: era importante porque informava, mas era preciso estar atento à manipulação feita pela televisão. E esse grupo, pertencente ao universo de camadas médias, se achava preparado para fazer uma leitura crítica da televisão e não seria manipulado. Enquanto, para os entrevistados, o restante da população de baixa renda e semi-alfabetizada não tinha condições para isso.

Deparei com esse mesmo tipo de discurso em várias entrevistas com os estudantes universitários. Muitos afirmavam com ênfase que a entrada na universidade tinha transformado não apenas a sua maneira de ver o mundo, mas também a sua maneira de ver televisão e de ver o próprio *Jornal Nacional*. Sentiam-se menos inocentes, menos ingênuos e muito mais críticos em relação às matérias veiculadas. O depoimento de D., aluna do curso de serviço social, ilustra bem essa idéia:

> Me dá a impressão de que, antes de eu fazer serviço social, não sabia da verdade. Não sei se cada curso que você faz sabe de uma verdade. Eu não sei se é isso. Mas parece que a minha verdade, que eu fiquei sabendo, é muito importante. E parece que antes eu não sabia de nada e agora eu sei. E o que é pior, fiquei triste (...) E em relação ao *Jornal Nacional*, depois que você começa a estudar, você vê que eles escondem as coisas. E se você não estuda, não vai saber. Se você vê o *JN* a vida inteira, vai achar que o mundo é belo.

Esse depoimento é muito rico, a meu ver, por diferentes aspectos. Um deles aponta essa nova visão do noticiário depois da entrada na universidade e dá a essa entrada um *status*, um valor simbólico muito grande. Há uma visão de que a imprensa esconde a realidade e é preciso estudar, ser universitário para desvendá-la. O restante da população permanece na ignorância, não sabe que está sendo enganado. Essa perspectiva caminha na mesma direção dos entrevistados de Magalhães na cidade de Ijuí e compartilha a visão da escola de Frankfurt, de que a televisão manipula os telespectadores, principalmente a massa mais ignorante. Sobre esse ponto, discorrerei mais adiante.

A entrada na universidade

Gostaria de abordar aqui o significado da entrada dos jovens na universidade. Esse é um dos eixos centrais desta pesquisa e foi sendo construído a partir dos discursos dos meus entrevistados. Para grande parte desse grupo, a vida se divide em antes e depois da entrada na universidade. A entrada na universidade, mais do que um rito de passagem, uma mudança de situação social, implica, para muitos, uma transformação na sua visão de mundo e no seu estilo de vida. Isso ocorre de forma mais intensa entre os alunos de serviço social e pedagogia, em menor intensidade com os estudantes de comunicação social, sendo ainda menos presente entre os futuros médicos.

Isso porque uma parte dos alunos de serviço social e pedagogia entrevistados estudou em pré-vestibulares para negros e carentes, da própria universidade ou de comunidades pobres, e a maioria desses jovens faz parte de famílias de baixa renda, com pouca escolaridade, com pais que muitas vezes não completaram o curso primário. Esses jovens são, portanto, os primeiros indivíduos de suas respectivas famílias – num sentido mais amplo, incluindo aí tios, avós e primos – a entrar na universidade. E esse fato tem um grande significado social para eles. Para muitas famílias, a universidade é um mundo distante, destinado às camadas mais privilegiadas, ao qual elas não têm acesso e, em muitos casos, nem "deveriam" querer ter. É o caso de D., aluna de pedagogia, filha de pai porteiro e trocador e mãe lavadeira, que afirma que a mãe, embora sempre "pegasse no seu pé" em relação ao estudo, cobrando e tudo mais, achava que a "universidade não era muito para filho de pobre". Mas mesmo assim, segundo a estudante, a ajudou de diversas maneiras.

A sua entrada na faculdade também não foi sem dificuldades. Era um ambiente novo, um mundo muito diferente. E o perfil dos alunos da universidade na qual estuda – particular e na Zona Sul do Rio de Janeiro – contrastava demais

74   JUVENTUDE E TELEVISÃO

com a sua realidade social. A diferença financeira é grande e aponta preocupações distintas. Segundo seu depoimento, as colegas tinham uma grande preocupação com estética e, para o seu padrão, tinham gastos elevados com produtos nessa área. Já D. tinha uma filha pequena e vivia com um orçamento apertado, vendendo cosmésticos para aumentar a renda e constantemente preocupada em que não faltasse leite para a filha. Ao lado disso, há a questão da distância geográfica. O curso é diurno, horário em que os ônibus estão cheios, há mais trânsito e as dificuldades de locomoção através de transporte público são maiores para jovens que, como ela, moram na periferia ou em regiões afastadas da Zona Sul da cidade. Além da dificuldade financeira que também atrapalhava na aquisição de livros e fotocópias, ela sentia pouca familiaridade com aquele tipo de leitura. Seu depoimento destaca o papel de vários professores, que não só davam as cópias dos textos aos alunos oriundos dos pré-vestibulares para carentes, como procuravam ajudá-los na leitura.

Por outro lado, a faculdade lhe possibilitou o acesso a uma rede maior de informação e estimulou intensamente o seu interesse pela leitura. A percepção de que muitas vezes havia diferenças gritantes entre os estudantes dentro de uma sala de aula, e que ela não tivera acesso nem contato com uma série de produtos como livros, filmes, peças e exposições, ao invés de desinteressá-la, aguçou sua curiosidade. Hoje afirma que lê bastante, sempre que pode compra livros, freqüenta os teatros da prefeitura do Rio de Janeiro aos domingos (quando os espetáculos custam R$ 1), assim como visita centros culturais e exposições gratuitas. D. diz que gostaria de ler jornal com mais freqüência. Lê aos domingos, quando pega emprestado de uma amiga do bairro, geralmente *Extra* ou *O Dia*. Lê muitas vezes no trabalho e comenta que alguns professores incentivam a leitura de jornal.

O hábito de ler jornal desses jovens diz muito sobre a relação que eles estabelecem com a informação e com a realidade. D., estudante de medicina, mora na Barra da Tijuca com os pais, que são assinantes do jornal *O Globo*. Mas raramente o lê e, quando isso acontece, só se interessa pela parte de esportes. Isso, no entanto, não se restringe aos jornais, mas à leitura de um modo geral.

> Nunca li. Não sou muito de ficar parado. Não gosto de parar um tempo para ler. De ficar assim deitado ou sentado lendo. Acho que só li um livro inteiro no colégio. Ou perguntava para alguém, ou pegava o resumo na internet.

Ele acha, porém, que a leitura faz falta e comenta que as pessoas que lêem falam melhor. Sabe das informações pela TV e pela internet, que acessa com

Os filhos da televisão

bastante freqüência. Tem computador em casa e também se comunica com os amigos por e-mail. Embora não veja muito TV, procura assistir ao menos a um jornal por dia.

Já para L., estudante de pedagogia, a situação é bastante diversa. Ela procura sempre ver o *JN* e, quando não consegue, busca outro telejornal. Lê normalmente *Extra* ou *O Dia* da vizinha, que compra e permite uma "leitura comunitária", como ela explica. Às vezes, o genro traz um jornal para casa e ela o lê. No pré-técnico onde trabalha, alguns rapazes levam o *Jornal do Brasil* e ela lê o deles. Mas gostaria mesmo era de ter uma assinatura. Já tentou fazer, pois já teve assinaturas de revistas semanais, como *Época* e *Veja*, mas não entregam o jornal na Cidade de Deus, onde mora. Ela conta que uma vez chegou a fazer a assinatura, recebeu o boleto bancário para pagamento, mas não recebeu o jornal. Quando telefonou para reclamar, informaram que, na área de sua residência, não havia entrega, mas devolveriam o dinheiro pago.

Além de jornal, a estudante afirma que gosta muito de ler contos e os livros da universidade. Procura comprar livros para os netos e conta que foi à última Bienal do Livro, onde comprou alguns para eles, embora para ela mesma não tenha comprado nenhum. É importante destacar que L.[14] tem mais de 40 anos, filhos com mais de 20 anos e alguns netos, diferentemente do restante dos entrevistados, que estão na faixa dos 20 anos. Acha que a leitura é importante e é uma das formas de entrar no mundo universitário, uma entrada muito sofrida para quem tem o seu perfil, de estudante de área carente. Quando perguntada sobre como está agora na faculdade, como se sente no sexto período, L. comenta:

> Ah! Agora tá muito bom. Se bem que, de vez em quando, a gente se pega numa crise assim: "Ah, o que que eu tô fazendo aqui? Esse mundo não é meu". Essa universidade é uma paulada porque a gente chega lá, você de área carente, vem através de um curso, você é bolsista, então tem uma série de coisas assim que não estão explícitas, tão implícitas. Você tem que ir furando certos bloqueios, você

---

[14] Esta entrevistada é uma exceção em termos de faixa etária dentro do universo pesquisado, uma vez que a grande maioria dos informantes tem entre 20 e 22 anos. Além dela, há outro entrevistado com mais de 30 anos. Decidi incluí-los no grupo porque se mostraram interessados em participar e disponíveis para a recepção do *Jornal Nacional*. Além disso, seus depoimentos apresentaram aspectos interessantes para analisar a questão do estudante universitário.

tem que ir dizendo quem você é pra se aceitar, né? E eles também aceitarem você. Não é fácil, a gente diz muito no final do dia "hoje acabei de matar o meu leão". Porque a gente mata um leão a cada dia para conseguir chegar...

A aluna tem consciência das enormes diferenças que a separam de grande parte dos estudantes do curso. Porque, a seu ver, ela não tem mesmo "cultura" para encarar a universidade. Não pode deixar de admitir que esse grupo de estudantes carentes não tem uma bagagem anterior à universidade, bagagem que a própria instituição exige. E, muitas vezes, na própria faculdade não dão a eles muita brecha para ter, de acordo com seu depoimento. É necessário ir batalhando, ter jogo de cintura, assistir a uma palestra, ler um livro ou pedir a ajuda de um colega de um período mais adiantado e que tenha mais conhecimento.

A escolha do curso

Aqui surge outro aspecto diretamente relacionado à entrada na universidade: a escolha do curso. Os estudantes de medicina e uma parte dos de comunicação social optaram por esses cursos. Alguns sempre sonharam ser médicos, com pais e irmãos médicos; outros sempre gostaram de escrever e acham fascinante o mundo do jornalismo. Estão fazendo os cursos que escolheram, ainda que, em alguns casos, não nas universidades que desejariam, em função da grande competitividade. Comentam, no caso de medicina, sobre a carga horária e de estudo muito puxada, e sobre a exigência de dedicação exclusiva ao curso; no caso de comunicação social, os jovens chamam a atenção para o fato de demorarem a entrar na parte prática do curso e de como este estimula uma leitura mais crítica da mídia. Esses jovens estão imersos na lógica individualista, onde suas subjetividades são valorizadas e a escolha da carreira é uma decisão pessoal, fruto de desejos e anseios particulares.

A escolha do curso, no caso dos alunos de serviço social e pedagogia, é vivida de outra forma. Grande parte dos estudantes queria seguir outras carreiras, como psicologia, comunicação, medicina ou veterinária, mas não conseguiu o número de pontos suficiente para entrar nesses cursos. Muitos fizeram vários vestibulares, decidiram mudar de área e tentar os cursos considerados "mais fáceis", tanto em universidades particulares quanto em públicas. A entrada na universidade, nesse caso, tem então significados diferentes, muitas vezes opostos. Uma alu-

Os FILHOS DA TELEVISÃO 77

na de serviço social conta que chorou ao saber que não tinha entrado para psicologia e diz que "caiu de pára-quedas", depois de tentar por três anos a outra carreira. Alguns comentam a importância de se estar em uma universidade pública. Os amigos e a família fazem uma certa pressão, diziam que eles não poderiam trancar a matrícula, não poderiam perder essa oportunidade. E acabaram permanecendo no curso. E, para muitos, é aí que começa a mudança. Sobretudo a descoberta do curso. Vários afirmam que se encantaram com os estudos, que passaram a gostar muito do curso, a se interessar pelas disciplinas e pela própria prática. Ou seja, trata-se de estudantes completamente diferentes, não apenas pela sua origem, mas pela sua relação com a carreira que, ao contrário da carreira de medicina e comunicação social, vai sendo construída ao longo dos períodos e das disciplinas.

Remeto-me à noção de *commitment* usada por H. Becker (1977) para falar da relação de alguns indivíduos com suas carreiras, o que pode ser traduzido como adesão. Discuti essa idéia em minha pesquisa – *O mundo dos jornalistas* – sobre identidade e carreira (Travancas, 1993). O que pude notar, ao longo das entrevistas com esses profissionais, é que eles estabelecem uma relação muito particular com a sua profissão, e que essa relação determina um *estilo de vida* e uma *visão de mundo* particulares. Cheguei a comentar, embora não tenha explorado esse aspecto, o quanto outras carreiras gerariam essa adesão e que talvez a carreira médica fosse exemplar desse sentimento.

Nesta pesquisa com jovens universitários, o que pude avaliar foi que os que escolheram se tornar médicos traziam um desejo, uma vontade ou, para muitos, uma vocação, de muito tempo. E sabem que essa escolha, antes mesmo da prática profissional, irá exigir muito deles. Como já comentei, medicina é uma das carreiras mais disputadas nos vestibulares. Portanto, para entrar em uma faculdade de medicina, principalmente pública, é imprescindível muito estudo e disciplina. Os três entrevistados têm em comum médicos na família. Pais e/ou irmãos médicos é uma marca desses estudantes, que sabem, portanto, o que a escolha desse curso superior e de sua prática acarreta: um tempo muito restrito para outras atividades que não estejam ligadas à profissão. "É preciso estudar muito e com determinação", chamam a atenção os futuros médicos. A faculdade funciona em regime integral e os plantões acontecem nos fins de semana. Ou seja, as outras áreas da vida pessoal ficam reduzidas e muitas vezes subordinadas à carreira. Mas nenhum deles se queixou desse fato. Ao contrário, falam com orgulho da carreira e das dificuldades da entrada na profissão. F. , por exemplo, é um dos estudantes que trocou de cidade para poder estudar em uma faculdade melhor. Nasceu em uma cidade do interior de Minas e escolheu vir morar no Rio pela maior possibilidade de opções. Tentou faculdades públicas, mas não conseguiu passar. Entrou para uma faculdade particular em Nova Iguaçu e depois obteve transferência para a Gama Filho, onde estuda agora.

Quando pergunto por que escolheu essa carreira, F. responde que, além da influência do irmão mais velho, que é médico, o fato de ter presenciado um acidente o marcou muito. Dois carros bateram na estrada e o pai parou, mas mesmo o irmão, estudante na época, não pôde fazer muita coisa. Isso deixou-o com muita vontade de fazer medicina, de poder ajudar, de poder fazer alguma coisa em situações como aquela.

Entre os cinco estudantes de comunicação social que buscam se formar em jornalismo, há nuances de envolvimento com a futura profissão. No caso dos alunos da UFRJ, a relação com a carreira já é antiga, assim como o desejo de segui-la. Ma. comenta que fez vestibular duas vezes e não passou, e que, antes de se decidir pelo curso, ficava dividida entre comunicação e história. Passou para a UFF e para a UFRJ e escolheu a última, por ser mais perto. Afirma que gosta muito do curso e que foi muito bom ter períodos mais gerais, com disciplinas variadas que dão abertura e possibilidade de os alunos conhecerem melhor outras áreas antes de escolher a sua. Gostaria no futuro de trabalhar em jornalismo impresso, de preferência em revista, porque há mais tempo para pesquisa. Ainda não faz estágio e nunca trabalhou.

Já Mi. faz comunicação na Estácio de Sá e está "apaixonado" pelo curso. É o que sempre quis fazer, mas não tinha conseguido. Ele é casado, tem uma filha e trabalha como bancário desde os 19 anos. Sempre teve vontade de fazer jornalismo, mas só agora foi possível. Ele estudou em colégio público e acha que este não lhe deu base para conseguir entrar em uma universidade pública, na qual é difícil o acesso. Fez no segundo grau o curso de técnico contábil. Não tinha uma situação financeira que lhe permitisse freqüentar uma faculdade particular. Agora, muitos anos depois, decidiu estudar e tentar o curso de jornalismo. Como muitos outros entrevistados, é um dos primeiros da família a fazer curso superior e sente orgulho disso. Quis fazer jornalismo porque todos comentavam que ele era muito comunicativo e logo pensou em televisão. Fez curso de locução mas, quando começou a faculdade, se deu conta de que o campo era muito mais amplo. Sem-

Os FILHOS DA TELEVISÃO

pre gostou muito de ler e, embora não tivesse muito hábito de escrever, encontrou no exercício da escrita uma grande fonte de prazer. Hoje adora escrever e, embora não saiba se terá condições de trabalhar nessa área, porque é um mercado pequeno em relação ao número de jovens que se formam, afirma que certamente não vai parar de estudar: "Peguei o gosto." Gostaria de tentar um mestrado, mas não sabe se é sonhar alto demais.

Fica evidente, no depoimento de Mi., o quanto está presente a noção de projeto e seu campo de possibilidades. Projeto como algo construído em relação direta com as vivências e experiências do indivíduo. E cuja função é dar sentido à fragmentação do mundo moderno. O estudante, ao descrever sua história e sua entrada na universidade, dá, através de seu discurso, um sentido para sua trajetória pessoal. Não é à toa que Velho (1987:29) afirma que "o projeto, sendo consciente, envolve algum tipo de cálculo e planejamento, não do tipo *homo economicus*, mas alguma noção, culturalmente situada, de riscos e perdas, quer em termos estritamente individuais, quer em termos grupais".

Já a estudante A. L. diz que escolheu jornalismo porque sempre gostou de televisão e tinha vontade de fazer alguma coisa ligada à câmera. Nunca pensou em trabalhar em jornal impresso. Depois que fez algumas matérias na faculdade, com aulas práticas em ilha de edição e com equipamento, se "apaixonou".

O que estes últimos depoimentos demonstram é uma escolha anterior à entrada na universidade; o contato com a profissão na faculdade só reforçou essa opção. Vários demonstram entusiasmo pelo curso, pela carreira, apesar de enfatizarem as dificuldades que enfrentarão quando se formarem. A. L. comenta que não está estagiando e nunca estagiou. Afirma que deveria correr atrás, pois isso pode prejudicá-la no futuro. O que me parece relevante, e de certa forma contrastante com os estudantes de serviço social e de pedagogia, é que estes percebem o curso como uma ponte, uma oportunidade para entrar na vida universitária, mas não necessariamente na vida profissional. Seus discursos valorizam o estar na universidade, "ser estudante universitário", assim como apontam as transformações que vivenciaram nesse novo espaço. Mas nem todos acham que seguirão a profissão, seja pelo fato de não se identificarem com ela, seja por achar que ter um diploma universitário não é garantia de emprego, nem reduz as suas dificuldades pessoais, sejam elas econômicas ou culturais. Alguns querem continuar a estudar.

Consumo cultural

E qual a relação desses jovens tão diferentes com os produtos culturais? Freqüentam cinema com assiduidade? Visitam museus e exposições? Costumam ir ao teatro? Que tipo de música gostam de ouvir? São efetivamente consumidores desses produtos?

O senso comum costuma associar consumo ao supérfluo, a uma visão hedonista e pejorativa. A antropologia, ao lançar seu olhar para esse fenômeno cultural, se afasta dessa noção desqualificadora para, ao contrário, mostrar que a verdadeira necessidade que ele supre é a necessidade simbólica, como já demonstraram M. Douglas, M. Sahlins, D. Miller, entre outros.

Para Nestor Canclini (1999:77), o consumo pode ser definido como o "conjunto de processos socioculturais em que se realizam a apropriação e os usos dos produtos". O que significa que, ao consumirmos, não estamos exercitando caprichos, gostos ou tomando atitudes completamente individuais. Porque o consumo, na sua ótica, é um espaço de interação e, como tal, não é privado, passivo ou atomizado. Ele é social, correlativo e ativo. E os depoimentos de meus entrevistados confirmam essa perspectiva.

O consumo de cinema, literatura ou música, por exemplo, varia em termos de grupos socioculturais, de diferenças de idade, de gênero, de visão política e religiosa. D. e L., estudantes de pedagogia oriundas de camadas populares, enfatizam a importância da leitura e da aquisição de livros como uma conseqüência da entrada na vida universitária e percebem o quanto as relações que estabeleceram com essa prática cultural têm um valor simbólico importante. Não é à toa que as duas comentam que procuram comprar livros e estabelecer uma relação estreita entre seus filhos e os livros. Em minha tese de doutorado – *O livro no jornal* (Travancas, 2001) –, chamei a atenção para a dimensão simbólica do livro nas sociedades ocidentais modernas, onde os suplementos literários dos grandes jornais, mesmo deficitários, não deixavam de existir.

Para outros estudantes, o livro e a leitura já estavam inseridos em sua vida familiar muito antes da entrada na faculdade, como afirmam B. e Ma., estudantes de comunicação, cujas casas tinham livros e suas mães não só compravam livros para elas, como liam histórias antes de dormir. Elas já gostavam de ler jornais, revistas, romances e livros policiais. Portanto, seguir um curso de graduação não representou algo tão extraordinário, ainda que estudem em universidades públicas de difícil acesso. Ambas têm pais com curso superior e não sentiram uma mudança de identidade tão grande. Já eram estudantes e continuaram a ser. Para jovens oriundos de classes populares, "só" estudar, comprar livros e se dedicar à sua leitura é um privilégio de camadas mais altas da sociedade.

E o consumo de bens culturais implica a possibilidade financeira para adquiri-los, o que nem sempre é viável. Mas uma coisa é certa: o sentimento de pertencimento à carreira universitária é, para vários estudantes, um grande estímulo para descobrir a vida cultural da cidade. Ma. já adorava cinema antes de cursar jornalismo, mas, depois que começaram as aulas, isso se intensificou, pois costuma ver os filmes que os professores comentam em sala, em disciplinas de cinema ou não: "Vou ao cinema uma vez por semana, no mínimo. Vou duas, três, até quatro vezes. Ou no Centro Cultural do Banco do Brasil, onde você paga o passe por um mês, ou no Odeon".

E há dois dados relevantes em relação ao cinema entre os estudantes. Para muitos que não residem na Zona Sul da cidade, ver um filme é muito mais difícil. Vários alunos não têm nenhuma sala de cinema no bairro onde moram, o que exige um esforço de deslocamento muito maior. E ir, nos fins de semana, ao shopping mais próximo para nem sempre ver o filme desejado. Isso porque muitos jovens enfatizam que, depois da entrada na faculdade, têm procurado ver mais filmes brasileiros do que norte-americanos. Houve um despertar para questões nacionais, estimulado pelas disciplinas, textos e professores. Mas, se esse fato é destacado por muitos, não é regra entre todos. Uma estudante comenta que gosta muito de comédias românticas americanas e outro aluno prefere filmes de ação e os chamados *blockbusters*. Filmes de grande orçamento, com atores famosos e narrativa linear, dentro de uma lógica mais comercial. Nota-se, entre muitos jovens, um movimento na construção de identidades; mesmo dentro de consumo de massa, há uma busca de singularidade, de consumo de bens diferenciados como marca de distinção.

Ir ao teatro é evento raro entre meus entrevistados. E muitos são os fatores: o preço alto do ingresso, a inexistência de teatros em todas as regiões da cidade e os horários sempre noturnos. M. comenta: "O complicado de ir ao teatro é ter que ir para a Zona Sul às oito da noite para voltar tarde para Bangu. É difícil. Por isso, quando vou, é durante a semana".

Em relação ao conhecimento sobre as atividades culturais que a cidade oferece aos seus habitantes, há para esses jovens duas maneiras primordiais de se informar: os meios de comunicação de massa e a própria faculdade. E, sem querer cair em visões esquemáticas, percebe-se que o cinema e a música chegam a esses estudantes principalmente através da mídia, enquanto os livros, as exposições e os filmes clássicos e/ou alternativos chegam através do meio acadêmico. Não que estes últimos não estejam nas páginas dos jornais e revistas, mas certamente não são presença constante na televisão e, em particular, no noticiário do *Jornal Nacional*. Aliás, essa foi uma queixa muito freqüente entre os meus entrevistados: o espaço reduzido dado à cultura no telejornal. Não há muitas matérias sobre exposições ou livros, com raras exceções de grandes eventos ou grandes nomes.

Mas é a música o principal ponto de contato entre todos os jovens, pois sem música não se é jovem. Todos gostam muito de música, ouvem diariamente rádio, CD ou fita cassete em casa, na rua ou no trabalho/estágio. O que me lembra o artigo da pesquisadora argentina A. Wortman (2003:104) sobre consumos culturais e identidades juvenis na Argentina. Em sua pesquisa, ela percebeu o quanto a música está associada à vida cotidiana, ao mesmo tempo que notou diferenças de gosto em função do nível cultural.

> *Lo que pudimos apreciar es que los jóvenes de familias de mayor nivel cultural y con acceso a nivel universitario se vinculan con la música a partir de las facilidades espaciales y técnicas que otorga un conglomerado de la tecnología como es Musimundo en sus espacios de venta discográfica.*

E isso se confirma entre meus entrevistados. Muitos dizem que gostam de MPB em todas as suas nuances, de axé-music a samba, pagode e forró. Outros jovens de camadas médias e altas não gostam de *funk*, apreciam *jazz*, música eletrônica e música de nacionalidades diversas da brasileira ou da norte-americana que domina o mercado fonográfico. Procuram descobri-las através da internet, baixando-as e gravando seus CDs, que são um objeto de ampla circulação e troca.

E não apenas CDs são trocados, emprestados, copiados, mas também informações sobre músicas, shows com ingressos mais baratos, ou mesmo programas televisivos sobre algum músico especial. Entre os estilos preferidos, estão música popular brasileira (MPB), samba, *rock* e *hip-hop*. O *funk* desperta sentimentos opostos. Alguns gostam muito, outros detestam.

Novamente, é possível perceber dois eixos: de um lado, a indústria fonográfica, através dos meios de comunicação de massa, divulgando seus produtos; de outro, a rede de relações pessoais desses jovens e o processo de circulação de informações e produtos entre eles. Se a indústria cultural desempenha um papel importante na disseminação de gêneros e estilos musicais, ela não é a única fonte de conhecimento de música desses jovens. O caso do *funk*, estudado por Hermano Vianna (1988), é um exemplo marcante desse processo. Os bailes *funk* realizados nos subúrbios cariocas na década de 1980 eram um sucesso de público e quase uma ausência na mídia.

Política

O pensador francês Edgar Morin (1986:145), ao analisar o movimento estudantil não só na França como na Europa, Estados Unidos e América Latina, destaca que o mundo estudantil "é palco potencial de revoltas". A seu ver, há uma série de fatores que produzem esse cenário, como a concentração da vida estudantil nas universidades, uma certa marginalidade da vida universitária em relação à sociedade e o fato de os estudantes já estarem vinculados à *intelligentsia* da sociedade. Acho que os tempos mudaram em vários aspectos. Não creio ser mais possível encarar o mundo dos estudantes como um "palco potencial de revoltas", no sentido mais estrito. Os estudantes continuam próximos ou mesmo ligados aos intelectuais; entretanto, pelo que pude perceber através dos depoimentos, não existe um sentimento de pertencimento a um movimento, nem uma união em torno de uma causa, ainda que ela não seja política, mas estritamente ligada à universidade.

Muitos afirmam que há um desinteresse generalizado dos jovens pela vida pública e política em geral. Mas, entre os meus 16 entrevistados, há distintos pontos de vista em relação a esse tema. Eles têm uma preocupação efetiva com o futuro, com a possibilidade de conseguir um emprego, de ter uma vida estável, projetos que nem sempre serão realizados em uma sociedade desigual e globalizada. Essas não eram as preocupações fundamentais dos jovens revolucionários de maio de 1968, por exemplo. O desemprego naquela ocasião não atingia taxas tão altas como na atualidade. Os estudantes, de certa maneira, podiam se dar ao luxo de não pensar em si próprios para pensar na sociedade.

Wortman (2003:91) acredita que muitos jovens que, na atualidade, tenham como aspiração principal obter um bom nível de vida a partir de um trabalho seguro e estável estão expressando desejos que não são fáceis de ser realizados, uma vez que os dados da realidade socioeconômica são pouco otimistas. Essas preocupações podem, por um lado, parecer conservadoras, mas, numa perspectiva mais ampla, podemos avaliá-las de forma mais nuançada e não apenas como expressão de uma visão de mundo individualista.

Alguns estudantes, como D. que cursa medicina e é morador da Barra da Tijuca, se mostraram desinteressados pela política. Ele afirma que não gosta de política porque todos os políticos são mentirosos. Acha que pode ser implicância e se diverte com o horário político. A maioria dos seus amigos sente a mesma coisa, está desinteressada do assunto. D. afirma que, em geral, vota como os pais e, na última eleição presidencial, escolheu o Serra. E, ao contrário de vários estudantes, não se mostra preocupado com emprego, por dois motivos. O primeiro é o fato de seu pai ter uma clínica médica onde o estudante já começou a trabalhar e o outro é que acha que obter um emprego depende apenas dele.

Entretanto, vários estudantes que pesquisei gostam de política, têm interesse pelo tema, discutem o assunto em casa e com amigos, e alguns deles já militaram no Partido dos Trabalhadores. L., aluna do curso de serviço social, moradora do alojamento estudantil, é um exemplo desse envolvimento político.

> Eu entrei realmente no PT e comecei a fazer militância no partido. (...) Mas tô decepcionada. Eu acho que o governo Lula não é um governo de disputa. O governo dele não tá dando certo para a classe trabalhadora, mas para o FMI e para os banqueiros, tá. E eu sinto falta da militância.

Ela foi parar na militância em função dos amigos, principalmente os amigos da igreja que participavam do PT, e acha que no meio acadêmico as pessoas estão muito separadas, distantes. A seu ver, não querem discutir nem mesmo assuntos que lhes digam respeito, como a reforma universitária. E responsabiliza a conjuntura política e econômica pelo desinteresse, que faz que os estudantes e mesmo os professores estejam mais despolitizados.

Acho importante chamar a atenção para o fato de esse não ter sido o único depoimento de uma jovem que tem uma atuação política integrada com sua opção religiosa, no caso católica. Outros entrevistados também estabeleceram vínculos entre as duas opções, a religiosa e a política – na maioria das vezes, reunindo o PT e a Igreja Católica.

Por outro lado, foi surpreendente para mim chegar ao alojamento estudantil de uma das maiores universidades públicas do Brasil – a UFRJ – e notar que os jovens ali residentes não se conhecem. O fato de morarem, muitos deles durante vários anos ou mesmo durante o curso todo, no mesmo espaço físico, com áreas de lazer e estudo coletivo, não gerou uma aproximação, um contato. Minhas entrevistadas mal conheciam suas vizinhas de porta e, quando o meu gravador pifou e lhes perguntei a quem poderia recorrer para conseguir outro emprestado, não ofereceram muitas alternativas. A outra estudante do quarto não tinha gravador e elas não sabiam de alguém que tivesse um. Foi quando decidi bater de porta em porta para conseguir o gravador. Muitos estudantes hesitaram em abrir a porta e outros afirmaram não ter um gravador, embora nem sempre nós – as duas estudantes e eu – acreditássemos. O que ficou evidente para mim foi como aquele lugar, que a distância pode ser visto e imaginado como um espaço coletivo e de união dos estudantes, é, ao contrário, bastante individualista, sem muita solidariedade. Os roubos não são raros e os pedidos de ajuda nem sempre são atendidos.

Um certo desinteresse pela política de maneira geral foi muito enfatizado pelo grupo. Poucos falaram em lutar por uma universidade pública e gratuita, em discutir verbas para a universidade ou temas correlatos. O que percebi também foi o quanto os estudantes oriundos dos pré-vestibulares para negros e carentes formam uma rede de relações de muita solidariedade e têm uma postura política mais explicitada em seus discursos. É como se a "cola", o "cimento" que os unisse tivesse sido colocado no instante em que vivenciaram a possibilidade de entrar na universidade. E essa entrada é entendida como resultado de uma luta pessoal, individual, mas também coletiva e política. Os cursos de pré-vestibular para negros e carentes existentes nas comunidades de baixa renda e os vinculados à universidade são reflexo de uma ação política que busca uma transformação mais ampla, que luta pelo acesso menos restrito à universidade.

Tânia Dauster, pesquisadora e professora da PUC-Rio, em seu artigo "Uma revolução silenciosa: notas sobre o ingresso de setores de baixa renda na universidade" (Dauster, 2003), ressalta a importância dessa ação. A sua preocupação é mapear e discutir as relações desses estudantes universitários com a cultura letrada. Porque, para eles, o dia-a-dia na universidade é repleto de tensões e contrastes. Há grandes diferenças sociais e culturais entre os estudantes da universidade como um todo. Dauster afirma que, no Departamento de Educação, os estudantes bolsistas representam 40% do alunado e isso tem gerado conflitos e discriminação, como ressaltaram os meus próprios entrevistados. Além disso, alguns alunos não-bolsistas têm uma visão equivocada do significado da bolsa e de sua relação com o alto custo das mensalidades da universidade.

D., aluna desse departamento, comentava comigo que, quando da votação do Diretório Central Estudantil (DCE) da universidade, havia duas chapas – Diversidade e Viva PUC – e uma das questões centrais dessas chapas era a posição favorável ou contrária aos bolsistas. Isso porque muitos estudantes, segundo ela, pensam que o preço do curso que freqüentam tem relação direta com o número de bolsistas. Não levam em conta fatos como a universidade ser filantrópica, sem fins lucrativos, pagadora de impostos, e seus funcionários e professores terem direito a uma bolsa de estudos para os filhos. Além disso, a direção da instituição decidiu aumentar o número de bolsistas para obter uma redução maior nos impostos. Esse assunto gerou uma discussão em sala de aula, que contou com a intervenção da professora, uma vez que se tornou muito acirrada. Esse é um exemplo da convivência dentro dessa universidade de jovens com perfis tão distintos. Uma convivência nem sempre tranqüila.

Considerações finais

> *As histórias de marinheiros têm uma singeleza direta, e todo o seu significado cabe numa casca de noz. Mas Marlow não era típico e, para ele, o significado de um episódio não estava dentro, como um caroço, mas fora, envolvendo o relato que o revelava como o brilho revela um nevoeiro, como um desses halos indistintos que se tornam visíveis pelo clarão espectral do luar.*
>
> Joseph Conrad

Esse trecho de *Coração das trevas*, do escritor Joseph Conrad, revela muito sobre a minha compreensão desse universo pesquisado. Creio que muitos trabalhos que investigam a televisão, e principalmente os programas da TV Globo, se colocam a tarefa de chegar ao "caroço". De descobrir como funciona a "cabeça do inimigo", ou ver as "entranhas do demônio", como se aí, sim, fosse possível encontrar a verdade. Não saí em busca da verdade, até porque não acredito que ela exista e muito menos que esteja escondida em algum lugar secreto, à espera de um antropólogo que a encontre e revele o seu significado ao mundo.

Mas, ao contrário, quanto mais mergulhava no meu objeto, tanto no tema televisão, quanto no meu universo de estudantes universitários, mais concordava com o marinheiro Marlow em sua percepção de que o significado não está lá dentro, no caroço, mas envolve o relato. Estudar a relação dos jovens com a televisão implicou, para mim, ver como eles vêem a telinha, como se posicionam diante dela, até em termos físicos. A maneira como a encaram e a ela assistem e o fato de serem uma audiência fluida e dispersa em muitos momentos dizem muito dessa relação. E dizem muito sobre a juventude. Juventude que está sempre em movimento, em busca do novo, tentando, como característica dessa fase tão intensa, "fazer tudo ao mesmo tempo, agora", como um entrevistado me falava.

Lembrava também a perspectiva de Bourdieu (1983), que afirma serem as divisões entre as idades arbitrárias e que juventude e velhice não são dados, mas contruídos socialmente na luta entre jovens e velhos. Há alguns jovens nesta pesquisa, pertencentes às camadas médias altas, que possuem atributos do adulto ou do nobre, nos termos de Bourdieu, por sua proximidade com o poder. E o contrário também ocorre. Há jovens que estudam e trabalham, que têm a mesma idade biológica de outros, que são também estudantes, mas têm condições de vida, de trabalho e de estudo muito distintas. Não é à toa que o sociólogo afirma que "as classificações por idade (mas também por sexo, ou, é claro, por classe...) acabam sempre por impor limites e produzir uma *ordem* onde cada um deve se manter, em relação à qual cada um deve se manter em seu lugar". E esta pesquisa confirma essa idéia, ao demonstrar que as diferenças são grandes, mesmo num grupo relativamente pequeno – 16 estudantes – de uma mesma cidade e com idades muito próximas. Há uma distância geográfica entre vários deles que aponta uma distinção de classe, de visão de mundo, de estilo de vida e também de recepção de televisão.

Eu me perguntava, no início deste trabalho, se os jovens assistiam ao *Jornal Nacional* e o que eu faria se, durante a pesquisa, descobrisse que eles não o vêem. Mas, aos poucos, não só fui confirmando o quanto o *JN* é uma referência também para eles, como é fonte de sentimentos os mais variados, que vão do amor ao ódio. Jamais de indiferença. Mais do que especialistas em televisão, como os entrevistados de Magalhães (2004), os meus entrevistados têm uma relação particular com o programa. Alguns comentaram a raiva que sentiam, o quanto gostavam dos apresentadores e elogiavam as matérias ditas positivas. E, para "ver melhor" televisão, a entrada na universidade é um ponto fundamental. Se não encontrei nenhuma casa com apenas um aparelho de televisão, muitos são os jovens cujas famílias não tinham até então um membro sequer na universidade.

E ver o *Jornal Nacional* ao longo desse ano com esses jovens, sem dúvida, produziu transformações em mim. Passei a ver o próprio jornal de forma diferente, lembrando o ponto de vista dos "meus nativos", do que elogiavam e do que sentiam falta. Ao mesmo tempo, passei a ver esses jovens de maneira diferente. No início da pesquisa, alguns colegas ironizavam, afirmando que a juventude não vê jornal, quase não lê e não se preocupa em estar informada. Muitos alunos que tive na graduação confirmam essa tese. Mas essa, sem dúvida, não é uma regra. Os jovens estudantes universitários, com todas as suas particularidades, têm interesse pelo mundo, sentem que precisam estar informados e não descartam essa possibilidade. Alguns com mais avidez e interesse do que outros.

Sabemos que é inegável a importância da comunicação de massa e da indústria cultural, assim denominada por T. Adorno e M. Horkheimer (1985), para a compreensão das sociedades complexas. É conhecido e enfatizado o peso da televisão na sociedade brasileira, com seu baixo nível de escolaridade e leitura, ao lado do fato de o veículo estar inserido em um sistema de exploração econômica do qual fazem parte as grandes empresas de mídia, os grandes conglomerados financeiros e os grandes anunciantes. Esse conjunto de interesses atua na base da televisão e é fundamental para entender a força política desse veículo.

Mas não quero com isso afirmar que a televisão é uma força que domina descontroladamente corações e mentes. Numerosas pesquisas (Novaes, 1999) demonstram a supremacia da televisão sobre outros meios de comunicação, sobretudo em países latino-americanos, ainda que essa hegemonia possa ser nuançada em vários contextos e grupos sociais. Entretanto, outros trabalhos vêm chamando a atenção para a necessidade de se relativizar esse peso e essa importância. E esta pesquisa também caminhou nessa direção.

O *Jornal Nacional* produz e apresenta uma informação que é geral, de largo alcance, como comentei no início do trabalho e que ficou explicitado com os dados do Ibope. O telejornal é um só para todo o país, para os mais de 30 milhões de telespectadores que a ele assistem diariamente. Entretanto, a recepção do veículo como um todo e de suas mensagens é particular. Ele é visto por muitos, mas de maneiras diferentes. E isso foi evidenciado na recepção com os estudantes universitários. Mesmo em um universo que poderia ser considerado muito específico – estudantes universitários cariocas de quatro cursos –, há numerosas formas de recebê-lo e interpretá-lo. E essas interpretações estão diretamente associadas às visões de mundo, aos estilos de vida, às noções particulares de projeto e compreensão da sociedade brasileira.

Ficou evidente, ao longo do trabalho, o quanto a recepção varia não só em termos individuais, mas, sobretudo, em termos socioculturais. E, nesse sentido, se fazem presentes as diferenças etárias, de gênero, religiosas e político-ideológicas. Algumas estudantes demonstraram grande interesse pelo *JN*, considerando-o importante para sua informação e analisando-o de forma bastante crítica. Crítica essa que se cruza com outras identidades, como a política, por exemplo. A maioria dos entrevistados se mostrou simpatizante e eleitora do Partido dos Trabalhadores, tendo alguns um vínculo mais estreito com o partido, como filiados e militantes. O PT aparece como o partido que conseguiu aglutinar diferentes correntes numa perspectiva de esquerda. Muitos chamaram a atenção para a cobertura das eleições e para a relação do candidato, e depois presidente, Luiz Inácio Lula da Silva com a Rede Globo. Lembraram a edição do *JN* sobre a posse e a presença de Lula no jornal, no dia da vitória, sentado ao lado dos apresentadores William Bonner e Fátima Bernardes. Alguns elogiaram a atitude de Lula, outros criticaram a TV Globo, mas todos enfatizaram o significado da sua participação. Essa mesma postura política provoca um certo "estado de alerta" em vários estudantes que procuram ver os jornais, e não só o *Jornal Nacional*, com muito cuidado, buscando perceber quais interesses estão por trás das notícias.

Em relação aos vínculos religiosos, há também diferenças. Há católicos, protestantes, participantes de religiões afro e de centros espíritas, praticantes e não praticantes, e os que se declaram sem relação com qualquer crença religiosa. Católicos e protestantes chegaram a comentar sobre a relação que estabelecem entre a perspectiva religiosa e as informações recebidas pela televisão. Uma estudante contou que o pastor da igreja que freqüentava muitas vezes criticava a televisão e alertava os crentes sobre seus perigos. Um jovem lembrou que uma das imagens da televisão mais remotas que tinha era a de sua avó assistindo à missa pela TV.

Em relação ao consumo cultural, há grandes diferenças de ordem financeira e intelectual. Fora a música, presença constante na vida da maioria, os outros produtos têm consumo diversificado. Há jovens que vão com freqüência ao cinema, ao teatro, vêem filmes pela TV a cabo, encontram-se com os amigos em boates e passeiam nos shopping centers. Já outros trabalham no fim de semana, fora ou em casa, e vão com muito menos freqüência ao cinema e raramente ao teatro, apenas em promoções especiais. Vários estudantes de baixa renda valorizaram muito os livros em seus discursos. Afirmaram que procuram ler bastante e, na medida da possibilidade de seus orçamentos, comprar livros e também assinar jornais e revistas semanais. Pelos depoimentos, fica muito claro o significado de ser universitário como um sinal de prestígio, de *status* e de distinção em camadas de mais baixa renda.

A pesquisa sobre recepção de publicidade em televisão, realizada por Maria Eduarda Rocha (1999), *Publicidade e cultura de consumo: encruzilhada de sentidos*, reforça a idéia da complexidade da recepção e da sua relação com o consumo, muitas vezes inusitadas para o próprio pesquisador. Miceli (citado em Novaes, 1999) comentava que uma pesquisa realizada em países da América Latina deixou evidente que há muitas vezes dificuldade de o público diferenciar o bloco

CONSIDERAÇÕES FINAIS 91

publicitário do bloco do programa, seja ele noticiário ou programa de auditório. E, a seu ver, se os telespectadores fossem questionados, muitos certamente afirmariam que preferem a publicidade ao programa. Na década de 1990, Rocha realizou uma pesquisa com moradores de São Miguel dos Milagres, pequeno município de Alagoas, com cerca de 5 mil habitantes e uma grande parcela da população formada por uma classe pobre. Uma das conclusões de seu trabalho é que "a publicidade é um fenômeno de repercussão infinitamente maior do que a promoção de produtos e marcas específicos". A outra diz respeito ao papel contraditório da publicidade. Segundo a pesquisadora, que assistiu televisão junto com numerosas famílias da cidade, o silêncio era a tônica da reação ao intervalo comercial. As pessoas efetivamente paravam de conversar para vê-los. Ao mesmo tempo que não eram objeto de conversa, eles não apontavam um movimento em relação ao consumo dos produtos apresentados. O que fica do anúncio é uma espécie de desejo difuso, de acordo com alguns entrevistados. O que só confirma a idéia de que há mais formas de apreender uma mensagem do que podemos supor.

Outro trabalho, já citado, é o da antropóloga Rosane Prado (1987), que destaca a forma de recepção de duas telenovelas por parte das mulheres da cidade de Cunha, em São Paulo. As personagens de maior ressonância, assim como as questões a elas relacionadas, têm a ver com as posições das telespectadoras. Dizem muito sobre o lugar do qual estão falando. Prado constatou que, ao falar das mulheres das novelas, as mulheres de Cunha falavam de si mesmas e da cidade onde moravam. A seu ver, isso deixa evidente a idéia de que o telespectador "dá o limite", estabelece contornos para o que recebe da televisão. Essas mulheres se apropriam das personagens para pensar sobre si mesmas e suas realidades. Assim como as mulheres de Cunha estabelecem uma relação direta entre o que vêem e a cultura onde estão inseridas em uma cidade pequena, tradicional, onde não há espaço para o anonimato e as possibilidades de escolha são mais restritas do que na "cidade grande", também os jovens universitários assistem ao *Jornal Nacional* relacionando-o com suas realidades, suas carreiras e a entrada na universidade.

Ficou bastante claro que, ainda que o *Jornal Nacional* seja uma referência para os entrevistados, sua importância foi muito relativizada em seus discursos, tanto pelos que se mostraram críticos em relação ao seu formato e ao seu conteúdo, quanto pelos que valorizaram suas matérias. Para todos, o *JN* é uma fonte de informação, mas não a única, nem a mais importante. Ela está sendo cotejada com várias outras, com suas vivências, com informações vindas de outros veícu-

92 JUVENTUDE E TELEVISÃO

los, da própria universidade e de suas redes de relações pessoais e de parentesco. Portanto, a televisão não define o futuro político do país, nem seu apoio a um candidato ou mesmo a cobertura de um evento tem poder decisório definitivo.

E, nesse sentido, um dos exemplos paradigmáticos, não para os entrevistados, mas para diversos críticos e pesquisadores, é o caso da cobertura da campanha das diretas pela TV Globo de maneira geral e do *JN* em particular (ver anexo 1). E. Bucci é um dos estudiosos de televisão que dissecou esse tema em diversos artigos (Bucci, 2000; Bucci e Kehl, 2004). Para ele, "no dia 25 de janeiro de 1984, o *Jornal Nacional* tapeou o telespectador". Isso porque o jornal não cobriu corretamente o comício da campanha que aconteceu naquele dia na praça da Sé, em São Paulo, onde dezenas de milhares de cidadãos se reuniram. O *JN*, a seu ver, omitiu informações ao telespectador e apresentou o comício como parte das comemorações pelo aniversário da cidade de São Paulo. Não vou entrar aqui[15] nas nuances que envolvem esse tema polêmico, presente com destaque no livro que conta a história dos 35 anos do *Jornal Nacional* (Memória Globo, 2004). O que me interessa é chamar a atenção para o fato de esse evento ter ganhado tanta força simbólica. Ele ajuda a confirmar a hipótese de que a TV Globo e seus telejornais não decidem a vida política do país. A campanha das diretas foi um movimento de enormes dimensões na vida política brasileira. O primeiro grande movimento de massas, que reuniu multidões em comícios ao longo de meses por todo o país, depois de anos de ditadura militar. Entretanto, essa campanha não teve destaque no noticiário da empresa; ao contrário, esteve fora dele durante algum tempo. O que não impediu que ela crescesse e se multiplicasse. Não foi por acaso que o *slogan* "O povo não é bobo, abaixo a Rede Globo" foi gritado por muitos participantes dos comícios quando a empresa decidiu cobrir o evento.

O outro exemplo é o debate entre os candidatos à presidência da República Fernando Collor de Mello e Luiz Inácio Lula da Silva, em 1989. Ele foi transmitido pela TV Globo e, no dia seguinte, apareceu editado em diversos telejornais. E recebeu uma nova edição no *Jornal Nacional* do dia seguinte. Uma edição polêmica, que para muitos foi extremamente tendenciosa, valorizando a atuação do candidato apoiado pela emissora, Fernando Collor de Mello. Esse episódio, ao contrário do primeiro, vem apoiar aqueles que argumentam que a televisão teve e

---

[15] Discuto mais detidamente a cobertura da campanha das diretas pelo *JN* no anexo 1.

CONSIDERAÇÕES FINAIS   93

tem um papel decisivo nas eleições, definindo vencedores, tal como aconteceu nesse caso. O debate também aparece com destaque no livro sobre o *JN*, preparado por uma equipe do projeto Memória Globo.

O que me parece relevante nesses dois eventos é destacar o papel simbólico atribuído à televisão no Brasil e à Rede Globo em particular. Uns chamam a atenção para sua onipotência, outros para as brechas em seu poder. Adorno e Horkheimer afirmavam que a indústria cultural aliena, pasteuriza, homogeneíza e difunde o conformismo entre seus receptores. Guy Debord (1997), algumas décadas depois, vem reforçar essa tese, chamando a atenção para o fato de que essa mesma indústria transforma tudo em espetáculo, esvaziando seu significado e conteúdo. Não dá para negar nenhum desses argumentos e a audiência de programas violentos, considerados de mau gosto, apelativos e exploradores da miséria e da intimidade humana, confirmam essas perspectivas. Entretanto, há algo mais entre o conteúdo dos programas e a sua recepção.

A pesquisadora de recepção Nilda Jacks (1999), ao notar a presença hegemônica da televisão, decidiu estudar a percepção da identidade cultural gaúcha. Em *Querência*, Jacks avalia o quanto a cultura gaúcha sobrevive apesar dessa hegemonia e como essa mesma cultura se beneficia do próprio veículo. A seu ver, a identidade cultural gaúcha dá contornos específicos para a audiência televisiva do segmento estudado: famílias de três estratos socioeconômicos diferentes da cidade de Santa Maria, no Rio Grande do Sul. Ficou claro para a pesquisadora que os membros dos três estratos, de diferentes faixas etárias e sexos, têm um sentimento de pertencimento à cultura e à terra gaúcha que interfere na sua recepção da televisão.

Através da minha pesquisa com jovens universitários, pude perceber a mesma transformação, explicitada por Jacks. Ela afirmava que seu trabalho se pretendeu um estudo de recepção de telenovela e se transformou em um estudo da identidade gaúcha através de uma pesquisa de recepção. Creio que, em certo sentido, o mesmo ocorreu com o meu. Inicialmente, o meu foco era a recepção, mas este se deslocou para outro ponto, no caso os jovens, ainda que para compreender o processo de comunicação.

Entender o que significa ser universitário para esses jovens foi se tornando elemento importante na pesquisa. Sabendo que juventude é uma categoria social e, como tal, variável, ficou muito evidente o quanto, para esse grupo específico, a situação de universitário está associada à idéia de transitoriedade. Transitoriedade entendida como uma etapa de transição, que implica a passagem de uma condição social mais dependente para o ingresso na vida adulta. E a vivência profissional, mais especificamente o trabalho, expressará o mundo adulto. Claro que mesmo dentro desse grupo há nuances, principalmente em termos de faixa etária. Os dois estudantes mais velhos se encontram em outro momento. Já constituíram família, têm filhos e, um deles, netos e já estão inseridos no mercado de trabalho há muitos anos. Mas a entrada na faculdade significa a possibilidade de realização de um sonho, a concretização de um projeto de vida. Um projeto que para esses dois pareceu, durante muito tempo, estar fora de seus campos de possibilidades. Mas a sua concretização possibilita a criação de fronteiras simbólicas (Velho, 1987).

A experiência da universidade é suficientemente significativa para criar fronteiras simbólicas, de acordo com os depoimentos. Ainda que, nas últimas décadas, a identidade de estudante tenha modificado muito seu sentido. Para Abramo (1993), a universidade, décadas atrás, foi um valor e se tornou referência da vida cultural e política em muitos países latino-americanos. Hoje, o cenário é diferente. Nenhum dos entrevistados participa ativamente da vida política universitária. Poucos fazem parte do Diretório Central Estudantil e quase ninguém fez referência aos movimentos estudantis, ainda que muitos se mostrassem interessados em política. Essa não é uma especificidade desse grupo, mas aponta uma questão mais de geração que, delimitada por uma conjuntura histórica específica, apresenta formas particulares de sentimento, pensamento e comportamento.

Portanto, a maneira como lidam, vivenciam e se relacionam com a televisão, e especificamente com o *Jornal Nacional*, tem estreita relação com as suas identidades como jovens e estudantes universitários, como os depoimentos explicitam. Ficou nítido que o *JN*, como parte de um sistema mais amplo de comunicação, pode afetar e influenciar o conjunto de informações e conhecimentos que esses jovens adquirem, assim como os seus projetos pessoais. Uma vez que, nas sociedades complexas, os indivíduos desempenham numerosos *papéis* no seu cotidiano, as suas redes de parentesco e vizinhança são bastante distintas das sociedades tradicionais, e onde a família se tornou nuclear é impossível pensar em uma totalização da experiência individual. A própria leitura que esses jovens fazem do telejornal aponta essa oposição entre totalização e fragmentação. O mundo moderno aparece na televisão como uma bricolagem, uma soma de pequenos pedaços, e o jornal surge dando ordem ao caos. Não é à toa que alguns comentavam que, embora o jornal mostrasse muitas tragédias e notícias negativas, assistir a ele dava uma sensação de tranqüilidade. E comentavam que viam o *JN* também para relaxar de suas rotinas estressantes e corridas de uma grande metrópole.

Mas os meios de comunicação de massa, e esse telejornal em particular, não são produtos exclusivos da sociedade brasileira. Penso que hoje, mais do que nunca, é inevitável refletirmos sobre as sociedades complexas sem dar um lugar de destaque aos meios de comunicação de massa. Eles são uma valiosa porta de entrada para compreendermos os fenômenos sociais produzidos por seus "nativos", assim como podem ajudar a desvendar seus "códigos" e "mapas". Afinal, é impossível não ser receptor de algum produto dessa indústria cultural em alguma parte do planeta. Debra Spitulnik (1993), em sua resenha sobre a interseção da antropologia com a comunicação, chama a atenção para o fato de ainda não ser possível falarmos em uma "antropologia dos meios de comunicação de massa", embora na última década tenha havido um aumento no interesse de estudá-los. Segundo Spitulnik, há numerosas maneiras de abordar antropologicamente os meios de comunicação: como instituições, como lugares de trabalho, como práticas comunicativas, como produtos culturais, como atividades sociais, como formas estéticas e como desenvolvimentos históricos.

A antropóloga Sara Dickey (1997) segue na mesma direção, ao falar da *potência* das representações dos meios de comunicação de massa que participam da construção de imaginários, identidades e relações de poder em nossa época. Dickey faz um levantamento dos trabalhos relevantes sobre comunicação a partir dos anos 1920 e 1930, produzidos por outros profissionais que não os antropólogos. A seu ver, as pesquisas antropológicas mais recentes sobre esse campo têm destacado que os públicos são intérpretes ativos dos produtos que lêem, escutam e vêem. Uma de suas conclusões é que os meios de comunicação de massa contribuem para formar subjetividades e que o campo desses meios se converte em objeto de impugnação e reúne participantes diversos com objetivos distintos e muitas vezes contraditórios. Para a pesquisadora, a mensagem não está no texto simplesmente, nem é uma criação direta dos produtores do texto. Os consumidores, por outro lado, têm um papel essencial na produção de seus significados e todos esses elementos devem ser vistos para se perceber plenamente os significados apresentados por esses veículos.

Um exemplo de trabalho antropológico sobre esse universo é o da pesquisadora Lila Abu-Lughod (2001). Ela realizou uma pesquisa de recepção de melodramas televisivos em uma pequena aldeia do Alto Egito. Esta apontou a relevância do papel da TV na vida e no imaginário das pessoas no mundo contemporâneo. Ao assistir junto com algumas mulheres da aldeia a capítulos do seriado *Mothers in the house of love*, Abu-Lughod descreve seus comentários, suas risadas dos personagens "ridículos" e a diferença entre a realidade das ricas mulheres de Alexandria no seriado e as do Alto Egito. Para a antropóloga, o comentário de uma informante, Zaynab, destacava uma diferença cultural dentro de uma estrutura moral. O programa apresentara uma viúva que decidira se casar com um antigo namorado, fato que demarcava uma diferença de experiência matrimonial entre sua informante e a personagem. Zaynab tivera um casamento arranjado. Seu marido trabalhava no Cairo e deixava-a sozinha com sua mãe. Ele casou-se uma segunda vez, em segredo, no Cairo. Ele retornava sempre à aldeia e ela teve vários filhos, apesar de todas as dificuldades financeiras. A antropóloga associa sua interpretação do episódio à história pessoal da entrevistada. A chave para toda a complexidade que está por trás da recepção, a seu ver, está no fato de que os significados são produzidos em um lugar distante e consumidos localmente em várias regiões distintas. Abu-Lughod conclui que a televisão é uma tecnologia extraordinária para romper fronteiras, intensificar e multiplicar encontros entre mundos, vidas, sensibilidades e idéias. Ao mesmo tempo, acha que "a TV torna mais problemático um conceito de culturas como comunidades localizadas de pessoas suspensas em redes de significados compartilhadas".

No Brasil, a televisão é uma espécie de ser "onipresente". Ela está em todos os lugares, em todas as casas. Ela certamente nos une muito mais do que nos diferencia, mas falamos muito pouco sobre ela. Há uma tensão presente entre um conteúdo que é produzido para muitos e a recepção que se dá individualmente. E é nesse contexto que a antropologia pode dar a sua contribuição, utilizando a sua bagagem teórica e a sua metodologia específica para estudar esses "nativos". Porque certamente através desses estudos de recepção estaremos aprendendo mais, não só sobre os produtos – no caso o *Jornal Nacional* –, como sobre as suas relações com a sociedade brasileira.

Referências bibliográficas

ABRAMO, H. W. *Cenas juvenis*. São Paulo: Scritta, 1993.

_____; BRANCO, P. P. M. *Retratos da juventude brasileira*. São Paulo: Fundação Perseu Abramo/Instituto Cidadania, 2005.

ABREU, A.; LATTMAN-WELTMAN F.; ROCHA, D. *Eles mudaram a imprensa*. Rio de Janeiro: FGV, 2003.

ABU-LUGHOD, L. A interpretação de cultura(s) após a televisão. *Cadernos de Antropologia e Imagem*, Rio de Janeiro, n. 132, p. 103-129, 2001.

ADORNO, T.; HORKHEIMER, M. *Dialética do esclarecimento*. Rio de Janeiro: Jorge Zahar, 1985.

ALVES, Y. M. *A quem devemos servir*: impressões sobre a novela das oito. Rio de Janeiro, 1981. 31p. ms.

ALVIM, R.; GOUVEIA, P. (Orgs.). *Juventude anos 90*: conceitos, imagens, contextos. Rio de Janeiro: Contracapa, 2000.

ANDERSON, B. *Nação e consciência nacional*. São Paulo: Ática, 1989.

ANDRADE, R. M. B. Gênero, classe e geração na televisão brasileira. In: COMPÓS 2004. *Anais...* São Bernardo do Campo, 2004.

ARANTES, A. A. *Paisagens paulistanas*. Campinas: Unicamp/Imprensa Oficial, 2000.

BECKER, H. *Sociological work, method and substance*. New Brunswick: Transaction, 1977.

BORELLI, S.; PRIOLLI, G. (Coords.). *A deusa ferida*: por que a Rede Globo não é mais a campeã absoluta de audiência. São Paulo: Summus, 2000.

BOURDIEU, P. A juventude é apenas uma palavra. In: _____. *Questões de sociologia*. Rio de Janeiro: Marco Zero, 1983.

_____. *Sobre a televisão*. Rio de Janeiro: Zahar, 1997.

BRITO, S. (Org.). *Sociologia da juventude*. Rio de Janeiro: Zahar, 1968.

BUCCI, E. *O Brasil em tempo de TV*. São Paulo: Boitempo, 2000.

_____ (Org.). *A TV aos 50*: criticando a televisão brasileira no seu cinqüentenário. São Paulo: Fundação Perseu Abramo, 2003.

_____; KEHL, M. R. *Videologias*. São Paulo: Boitempo, 2004.

BURKE, Patricia. *O jornal em pauta*: um estudo sobre a coluna de cartas dos leitores do *Jornal do Brasil*. Dissertação (Mestrado) – Museu Nacional, UFRJ, Rio de Janeiro, 1996.

BURKE, Peter; BRIGGS, A. *Uma história social da mídia*. Rio de Janeiro: Zahar, 2004.

CAIAFA, J. *Movimento punk na cidade*. Rio de Janeiro: Jorge Zahar Editor, 1989.

CAMPBELL, R. *60 minutes and the news*: a mythology for Middle America. Urbana, Chicago: University of Illinois Press, 1991.

CANCLINI, N. *Consumidores e cidadãos*. Rio de Janeiro: UFRJ, 1999.

CAPARELLI, S.; SANTOS, S. La television en Brasil. In: OROZCO GÓMEZ, G. *Historias de la televisión en América Latina*. Barcelona: Edisa, 2002.

CARDOSO, R. (Org.). *A aventura antropológica*: teoria e pesquisa. São Paulo: Paz e Terra, 1986.

_____; SAMPAIO, H. *Bibliografia sobre juventude*. São Paulo: Edusp, 1995.

CONTI, M. S. *Notícias do Planalto*. São Paulo: Companhia das Letras, 1999.

COUTINHO, M. R. *Telenovela e texto cultural*: análise antropológica de um gênero. Dissertação (Mestrado) – Museu Nacional, UFRJ, Rio de Janeiro, 1993.

Referências bibliográficas

DAUSTER, T. Uma revolução silenciosa: notas sobre o ingresso de setores de baixa renda na universidade. In: ANPOCS 2003. *Anais...* Caxambu, 2003

DEBORD, G. *A sociedade do espetáculo*. Rio de Janeiro: Contraponto, 1997.

DE GARAY, A. *Sujetos itinerantes*: los jovenes universitarios de la Universidad Autónoma Metropolitana. Tesis (Doctorado) – Ciudad de México: Universidad Autónoma Metropolitana, 2003.

DICKEY, S. La antropología y sus contribuciones al estudio de los medios de comunicación. *Revista Internacional de Ciências Sociais*, Unesco, n. 153, p. 1-23, 1997. Disponível em: <www.unesco.org/issj/rics153/dickeyspa.html>.

DUBY, G.; LARDREAU, G. *Diálogos sobre a nova história*. Lisboa: Dom Quixote, 1989.

_____ et al. *História e nova história*. Lisboa: Teorema, 1986.

ECO, U. *Apocalípticos e integrados*. São Paulo: Perspectiva, 1998.

FARIAS, C. O itinerário da pesquisa de recepção. In: COMPÓS 2002. *Anais...* Recife, 2002.

FARRÉ, M. *El noticiero como mundo posible*. Buenos Aires: La Crujia/Univ. Austral, 2004.

FAUSTO NETO, A. *Lula presidente*: televisão e política na campanha eleitoral. RS: Unisinos/Hacker, 2003.

FIGARO, R. Estudo de recepção: o mundo do trabalho como mediação da comunicação. *Novos Olhares*, São Paulo, ECA/USP, ano 3, n. 6, 2. sem. 2000.

FISCHER, R. Problematizações sobre o exercício de ver: mídia e pesquisa em educação. *Revista Brasileira de Educação*, n. 20, p. 83-94, maio/ago. 2002.

FIUZA, S. R. A. *Moralidade e sociabilidade*: uma contribuição para uma antropologia da juventude. Dissertação (Mestrado) – Museu Nacional, UFRJ, Rio de Janeiro, 1985.

FORACCHI, M. M. *O estudante e a transformação da sociedade brasileira*. São Paulo: Cia. Ed. Nacional, 1965.

GEERTZ, C. *A interpretação das culturas*. Rio de Janeiro: Zahar, 1978.

_____ . *O saber local*. Petrópolis: Vozes, 2000.

GOMES, I. M. M. Televisão, telejornalismo e recepção: o que a investigação sobre recepção pode ganhar no diálogo com os *cultural studies* e a semiótica. In: COMPÓS 2002. *Anais...* Recife, 2002.

GOMES, L. G. F. *Novela e sociedade no Brasil*. Dissertação (Mestrado) – Museu Nacional, UFRJ, Rio de Janeiro, 1991.

GOMES, M. R. *Poder no jornalismo*. São Paulo: Hacker/Edusp, 2003.

GRIMSON, A. *El otro lado del rio*: periodistas, nación y Mercosur en la frontera. Buenos Aires: Univ. Buenos Aires, 2002.

HABERMAS, J. *Mudança estrutural da esfera pública*. Rio de Janeiro: Tempo Brasileiro, 1984.

HALBWACHS, M. *La mémorie collective*. Paris: Presses Universitaires de France, 1968.

HAMBURGUER, E. Diluindo fronteiras: a televisão e as novelas no cotidiano. In: SCHWARCZ, L. (Org.). *História da vida privada no Brasil*. São Paulo: Companhia das Letras, 1998. v. 4.

HARTLEY, J. *Los usos de la televisión*. Barcelona: Paidós, 2000.

HERSEY, J. *Hiroshima*. São Paulo: Companhia das Letras, 2003.

HERZ, D. *A história secreta da Rede Globo*. Porto Alegre: Tchê, 1987.

HUERTAS BAILÉN, A. *La audiencia investigada*. Barcelona: Gedisa, 2002.

JACKS, N. *Querência*: cultura regional como mediação simbólica. Porto Alegre: UFRGS, 1999.

_____. *Mídia nativa*: indústria cultural e cultura regional. Porto Alegre: UFRGS, 2003.

_____; ESCOSTEGUY, A. C. Práticas de recepção midiática: impasses e desafios da pesquisa brasileira. In: COMPÓS 2004. *Anais...* São Bernardo do Campo, 2004.

_____; _____. Recepção: uma discussão conceitual. In: CAPPARELLI, S.; SODRÉ, M.; SQUIRRA, S. *A comunicação revisitada*. Porto Alegre: Sulina, 2005.

JEANNENEY, Jean-Noël. *Une histoire des médias*. Paris: Éditions du Seuil, 1996.

KEHL, M. R.; SIMÕES, I.; COSTA, A. H. *Um país no ar*. São Paulo: Brasiliense, 1986.

LEAL, O. F. *A leitura social da novela das oito*. Petrópolis: Vozes, 1986.

_____. Etnografia de audiência: uma discussão metodológica. In: SOUSA, M. W. (Org.). *Sujeito, o lado oculto do receptor*. São Paulo: Brasiliense, 2002.

LE GOFF, J. *A história nova*. São Paulo: Martins Fontes, 1990.

_____ et al. *A nova história*. Lisboa: Edições 70, 1977.

LEVI, G.; SCHMITT, J. C. *História dos jovens*. São Paulo: Companhia das Letras, 1996. v. 2.

LOPES, M. I. V. *Pesquisa em comunicação*. São Paulo: Loyola, 2003.

LYNCH, E. *La televisión*: el espejo del reino. Barcelona: Plaza & Janés, 2000.

MACHADO, A. *A televisão levada a sério*. São Paulo: Senac, 2000.

MACHADO, E. S. *O gosto cultural de jovens*: estudo sobre o papel dos *media* e dos valores culturais na construção do gosto. Dissertação (Mestrado) – ECA, USP, São Paulo, 2002.

MAGALHÃES, N. M. E. *Televisão, uma vilã na sociedade contemporânea*. Tese (Doutorado) – UFSC, Florianópolis, 2004.

MANNHEIM, K. The problem of generation. In: _____. *Essays on the sociology of knowledge*. London: Routledge & Kegan, 1952.

_____. *Sociologia*. São Paulo: Ática, 1985. (Coleção Grandes Cientistas Sociais).

MARGULIS, M. (Ed.). *La juventud es más que una palabra*. Buenos Aires: Biblos, 2000.

MARTÍN-BARBERO, J. *Dos meios às mediações*. Rio de Janeiro: UFRJ, 2001.

_____. América Latina e os anos recentes: o estudo de recepção em comunicação social. In: SOUSA, M. W. (Org.). *Sujeito, o lado oculto do receptor*. São Paulo: Brasiliense, 2002.

_____; REY, G. *Os exercícios do ver*: hegemonia audiovisual e ficção televisiva. São Paulo: Senac, 2001.

MCLUHAN, M. *Os meios de comunicação como extensões do homem*. São Paulo: Cultrix, 1969.

MEDINA, C. *Notícia, um produto à venda*. São Paulo: Summus, 1988.

MEMÓRIA GLOBO. *Dicionário da TV Globo*. Rio de Janeiro: Zahar, 2003. v. 1: Programas de dramaturgia & entretenimento.

_____. *Jornal Nacional*: a notícia faz história. Rio de Janeiro: Jorge Zahar, 2004.

MICELI, S. *A noite da madrinha*. São Paulo: Perspectiva, 1982.

MÍDIA E DADOS, São Paulo, Grupo de Mídia de São Paulo, 1998.

MIGUEL, L. F. Mídia e manipulação política no Brasil: a Rede Globo e as eleições presidenciais de 1989 a 1998. *Comunicação e Política*, Rio de Janeiro, v. 6, n. 2, maio/ ago., n. 3, set./dez. 1999.

MIRA, M. C. *Circo eletrônico*: Sílvio Santos e o SBT. São Paulo: Loyola/Olho d'Água, 1995.

_____. *O leitor e a banca de revistas*: a segmentação da cultura no século XX. São Paulo: Fapesp/Olho d'Água, 2001.

MORETZSOHN, S. *Jornalismo em tempo real*: o fetiche da velocidade. Rio de Janeiro: Revan, 2002.

MORIN, E. *Cultura de massa no século XX*: o espírito do tempo. Rio de Janeiro: Forense Universitária, 1986, v. 2, Necrose.

_____. *Cultura de massa no século XX*: o espírito do tempo. Rio de Janeiro: Forense Universitária, 1990. v. 1, Neurose.

MORLEY, D. *Televisión, audiencias y estudios culturales*. Buenos Aires: Amorrortu, 1996.

MOTTA, L. G. (Org.). *Imprensa e poder*. Brasília: UnB, 2002.

NOVAES, A. (Org.). *Rede imaginária*. São Paulo: Companhia das Letras, 1999.

OROZCO GÓMEZ, G. *Televisión, audiencias y educación*. Buenos Aires: Norma, 2001.

_____. *Historias de la televisión en América Latina*. Barcelona: Gedisa, 2002a.

_____. *Recepción y mediaciones*: casos de investigación en América Latina. Buenos Aires: Norma, 2002b.

PAIS, J. M. *Culturas juvenis*. Lisboa: Imprensa Nacional/Casa da Moeda, 1993.

PARK, R. News as form of knowledge: a chapter in the sociology of knowledge. *The American Journal of Sociology*, v. 45, n. 5, p. 669-685.

PATERNOSTRO, V. I. *O texto na TV*. Rio de Janeiro: Campus, 1999.

PEREIRA, S. G. N. *A construção da notícia em dois jornais cariocas*: uma abordagem etnográfica. Dissertação (Mestrado) – Museu Nacional, UFRJ, Rio de Janeiro, 1998.

PEREIRA JR., L. C. *A vida com a TV*. São Paulo: Senac, 2002.

POLLAK, M. Memória, esquecimento, silêncio. *Estudos Históricos*, Rio de Janeiro, v. 2, n. 3, p. 3-15, 1989.

Referências bibliográficas

_____. Memória e identidade social. *Estudos Históricos*, Rio de Janeiro, v. 5, n. 10, p. 200-212, 1992.

PONTE, C. *Leituras das notícias*: contributos para uma análise do discurso jornalístico. Lisboa: Livros Horizonte, 2004.

PRADO, R. *Mulher de novela, mulher de verdade*. Dissertação (Mestrado) – Museu Nacional, UFRJ, Rio de Janeiro, 1987.

_____. Televisão, poderosa mas não tanto: cidade pequena, mulher e televisão. In: ECKERT, C.; MONTE-MOR, P. (Orgs.). *Imagem em foco*. Porto Alegre: UFRGS, s.d.

RAMOS, M. C.; LIMA, V. A. de. A televisão no Brasil: desinformação e democracia. In: FLEISCHER, D. (Org.). *Da distensão à abertura*: as eleições de 1982. Brasília: UnB, 1988.

REZENDE, C. B. *Nos embalos de sábado à noite*: juventude e sociabilidade em camadas médias cariocas. Dissertação (Mestrado) – Museu Nacional, UFRJ, Rio de Janeiro, 1989.

RIAL, C. Por uma antropologia do visual contemporâneo. *Horizontes Antropológicos*, Porto Alegre, n. 2, p. 93-99, 1995.

RIBEIRO, R. J. *O afeto autoritário*: televisão, ética e democracia. São Paulo: Ateliê Editorial, 2004.

ROCHA, E. *Magia e capitalismo*. São Paulo: Brasiliense, 1990.

_____. *A sociedade do sonho*. Rio de Janeiro: Mauad, 1995.

ROCHA, M. E. Publicidade e cultura de consumo: um estudo de recepção. In: COMPÓS 1999. *Anais...* Belo Horizonte, 1999.

RODRIGUES, J. C. *Antropologia e comunicação*: princípios radicais. Rio de Janeiro: Espaço e Tempo, 1989.

SANCHEZ-JANKOWSKI, M. Les gangs et la presse. *Actes*, n. 101/102, mars 1994.

SANTOS, J. A. *Televisão*: cultura local e cultura de massa global; etnografia da audiência entre descendentes de imigrantes alemães no RGS. Dissertação (Mestrado) – UFRGS, Porto Alegre, 1995.

SARLO, B. *Instantáneas*: medios, ciudad y costumbres en el fin de siglo. Buenos Aires: Espasa Calpe/Ariel, 1996.

_____. *Cenas da vida pós-moderna*: intelectuais, arte e videocultura na Argentina. Rio de Janeiro: UFRJ, 2004.

SCHUTZ, A. *Collected papers*. The Hague: Martinus Nijhoff, 1973.

SILVA, C. E. Lins da. *Muito além do Jardim Botânico*. São Paulo: Summus, 1985.

SILVERSTONE, R. *Televisión y vida cotidiana*. Buenos Aires: Amorrortu, 1996.

SIMÕES, I. *A nossa TV brasileira*. São Paulo: Senac, 2004.

SIRINELLI, J.-F. A geração. In: MORAES, M.; AMADO, J. (Orgs.). *Usos & abusos da história oral*. Rio de Janeiro: FGV, 1998.

SODRÉ, M. *Reinventando a cultura*. Petrópolis: Vozes, 2001.

SOUSA, M. W. Práticas de recepção mediática como práticas de pertencimento. *Novos Olhares*, São Paulo, ECA/USP, ano 2, n. 3, 1. sem. 1999.

_____ (Org.). *Sujeito, o lado oculto do receptor*. São Paulo: Brasiliense, 2002.

SOUZA, C. M. *15 anos de história*: JN. Rio de Janeiro: Rede Globo de Televisão, 1984.

SPITULNIK, D. Anthropology and mass media. *Annual Review of Anthropology*, n. 22, p. 293-314, 1993.

STROZENBERG, I. Antropologia e comunicação: que conversa é essa? In: TRAVANCAS, I.; FARIAS, P. (Orgs.). *Antropologia e comunicação*. Rio de Janeiro: Garamond, 2003.

SZPACENKOPF, M. I. O. *O olhar do poder*: a montagem branca e a violência no espetáculo telejornal. Rio de Janeiro: Civilização Brasileira, 2003.

TARDE, G. *A opinião e as massas*. São Paulo: Martins Fontes, 1992.

TEMER, A. C. P. *Notícias & serviços*. Rio de Janeiro: Sotese, 2002.

TRACY, K. A.; ALMEIDA, M. I. Mendes de. *Noites nômades*. Rio de Janeiro: Rocco, 2003.

TRAQUINA, N. (Org.). *Jornalismo*: questões, teorias e "estórias". Lisboa: Veja, 1999.

TRAVANCAS, I. *O mundo dos jornalistas*. São Paulo: Summus, 1993.

_____. *O livro no jornal*. São Paulo: Ateliê Editorial, 2001.

Referências bibliográficas

_____; FARIAS, P. *Antropologia e comunicação*. Rio de Janeiro: Garamond, 2003.

VEJA. São Paulo, Abril, jun. 2004a. Edição especial, "Jovens".

_____. São Paulo, Abril, 1 set. 2004b. Edição especial, "O *Jornal Nacional* que você nunca viu".

VELHO, G. *Individualismo e cultura*. Rio de Janeiro: Zahar, 1987.

_____; KUSCHNIR, K. (Org.). *Mediação, cultura e política*. Rio de Janeiro: Aeroplano, 2001.

VERÓN, E. *El cuerpo de las imágenes*. Buenos Aires: Norma, 2001.

VIANNA, H. *O mundo* funk *carioca*. Rio de Janeiro: Zahar, 1988.

_____ (Org.). *Galeras cariocas*. Rio de Janeiro: UFRJ, 1997.

VIANNA, L. *A Idade Mídia*: uma reflexão sobre o mito da juventude na cultura de massa. Dissertação (Mestrado) – UnB, Brasília, 1992.

VON FEILITZEN, C.; CARLSSON, U. (Orgs.). *A criança e a mídia*. São Paulo: Cortez/Unesco, 2002.

WANDERLEY, S. Cultura política e televisão. In: ANPUH 2003. *Anais...* João Pessoa, 2003.

WOLF, M. *La investigación de la comunicación de masas*. Buenos Aires: Paidós, 2004.

WOLTON, D. *Elogio do grande público*. São Paulo: Ática, 1996.

WORTMAN, A. (Org.). *Pensar las clases medias*: consumos culturales y estilos de vida urbanos en la Argentina de los noventa. Buenos Aires: La Crujia, 2003.

XAVIER, R.; SACCHI, R. *Almanaque da TV*: 50 anos de memória e informação. Rio de Janeiro: Objetiva, 2000.

YORKE, I. *Jornalismo diante das câmeras*. São Paulo: Summus, 1998.

Anexo 1

A cobertura das diretas: memória em pauta

A razão de ser deste anexo é discutir a cobertura da campanha pelas eleições diretas na imprensa, particularmente no *Jornal Nacional*. O tema não fazia parte dos objetivos principais do trabalho – um estudo de recepção –, mas de certa forma se impôs ao longo da pesquisa e não resisti a abordá-lo e incluí-lo no livro.

A cobertura da campanha do movimento pelas eleições diretas ocorrido em 1984 é um tema polêmico, especialmente no que diz respeito à atuação da TV Globo. A campanha pelas eleições diretas começou com pequenas dimensões, no final de 1983, com mobilizações no Rio e em São Paulo, com pouca divulgação da imprensa em geral. No início de 1984, ela ganhou força e o comício de 25 de janeiro, dia do aniversário da cidade de São Paulo, que reuniu milhares de pessoas, é emblemático desse movimento popular.

No final de 2003, quando esse acontecimento estava às vésperas de completar 20 anos, ele voltou à cena a partir do artigo "A Globo não fez campanha, fez bom jornalismo", redigido pelo diretor executivo de jornalismo da TV Globo, o jornalista Ali Kamel, e publicado em *O Globo*, em 4 de outubro de 2003. Esse texto suscitou outros, como o artigo-carta do jornalista Mário Sérgio Conti, publicado no site <www.nominimo.com.br>, e o texto do também jornalista Eugênio Bucci, "A história na era de sua reprodutibilidade técnica", publicado em seu livro *Videologias*, em 2004.

108   JUVENTUDE E TELEVISÃO

No início desta pesquisa, ao visitar o Cedoc da TV Globo e assistir às edições do *JN*, esse tema me inquietou. Entretanto, ao longo de minha investigação e no percurso de realização da etnografia, ele foi ficando cada vez mais distante. A começar pelo fato de a maioria absoluta dos meus informantes ser criança quando aconteceu o movimento pelas diretas já. Por outro lado, meu objetivo com o trabalho era discutir a recepção do *JN* e não analisar as suas edições recentes ou antigas. Mas, terminada a pesquisa, senti que faltava abordar esse tema no livro. Ele suscita várias discussões e principalmente me possibilita analisar o efeito do telejornal de uma perspectiva mais ampla, assim como avaliar em que medida ele serve – 20 anos depois – como uma fonte preciosa da memória da sociedade brasileira, justamente em um país, como afirma o lugar-comum, sem memória.

O escritor francês Albert Camus declara que o jornalista é o "historiador do instante". Instante esse que fica registrado, particularmente no caso da imprensa escrita, a qual em países "com memória" se torna fonte primária para os pesquisadores do futuro. Passa a fazer parte dos arquivos das bibliotecas e das universidades. No caso do rádio e da televisão, em países como a França, por exemplo, que se preocupa em arquivar muitos tipos de documento, procede-se de forma diferente da brasileira. As empresas que produzem as matérias jornalísticas, fitas de vídeo e cassetes, depois de passados cinco anos, enviam esse material para o Institut National du Audiovisuel (INA), que arquiva tudo e disponibiliza para consulta, tornando-se acervo público. No caso do Brasil, e não só dele, empresas privadas e estatais muitas vezes, por questão de economia, apagam suas fitas depois de um período de tempo e voltam a utilizá-las. Ou seja, boa parte da memória audiovisual nacional vai para o lixo. A Biblioteca Nacional concentra esforços no sentido de reunir e passar para microfilme os jornais impressos brasileiros, desde o início da imprensa com o *Correio Braziliense*. Há falhas de títulos, de períodos e mesmo de páginas. Mas o mesmo não ocorre com as emissões de rádio e TV. Nesse sentido, a Rede Globo – uma empresa privada de comunicação – difere da maioria. Seu Centro de Documentação e os projetos Memória Globo, Memória da Criação e Arquivo de Mídia são a expressão dessa preocupação em preservar sua história, seja guardando imagens de novelas, de programas jornalísticos ou depoimentos de seus funcionários. Alguns incêndios sofridos pela emissora desfalcaram muito seu acervo, mas não atrapalharam o processo de arquivamento. Ela hoje tem o terceiro maior arquivo de imagem do mundo. Enquanto outras emissoras fecham

Anexo 1

e seus arquivos são apagados, a TV Globo se sofistica, cresce e guarda a memória nacional de forma privada.

Ao se preocupar em conservar o seu acervo, ela se torna responsável pela preservação da própria memória, a qual, em função de sua importância e da dimensão da televisão na vida do país da década de 1960 em diante, é também a memória nacional. E é esse aspecto que está em questão na análise da cobertura das diretas.

O historiador francês Pierre Nora (citado em Le Goff et al., 1977:46), ao discutir a noção de acontecimento na "história do tempo presente", afirma que, na atualidade, este mudou de natureza em função das transformações geradas pelos meios de comunicação. Para ele, "não há acontecimento sem os *media*". E cita o exemplo do homem pisando na Lua pela primeira vez, em 1969. Esse evento está ligado às imagens dos astronautas vagando no vazio. E, ao viver esse acontecimento diretamente, muda, a seu ver, a participação do indivíduo na história. Não se trata de uma participação ativa, já que não se está no lugar da ação, mas ele é vivido e sofrido minuto a minuto, pois não se sabe o seu final. Os jornalistas são, a seu ver, os primeiros a se transformar em historiadores do presente, sem falar nos jornalistas que, tendo vivido o acontecimento, retomam-no anos depois. Um dos casos célebres é o do norte-americano John Hersey (2003), autor de uma impressionante reportagem sobre Hiroshima e que retorna à cidade quatro décadas mais tarde, para revê-la e também escrever sobre ela. Sua reportagem "Hiroshima", publicada inicialmente na revista *The New Yorker*, virou livro e se tornou um marco do gênero jornalístico. De outra forma, os textos de Mário Sérgio Conti e Eugênio Bucci são uma volta ao acontecimento. Uma volta à campanha e ao papel da imprensa na sua construção, vistos 20 anos depois.

Nora destaca a diferença entre o acontecimento histórico moderno e o antigo. No passado, os historiadores tinham um papel importante que era elevar o evento à dignidade histórica e decidir se ele era ou não um acontecimento. Na modernidade, nem o historiador nem o jornalista, segundo Nora, definem os fatos como históricos. Ao contrário, é "o acontecimento que faz o historiador".

Entretanto, se pensarmos no papel dos meios de comunicação, poderemos perceber que, em determinadas circunstâncias, em momentos específicos, a mídia foi fundamental na construção e na transformação de fatos em acontecimentos históricos. Um dos casos mais célebres é o da Revolução Francesa. O historiador Jean-Noël Jeanneney (1996:59), em seu livro sobre a história dos meios de co-

110 JUVENTUDE E TELEVISÃO

municação, chama a atenção para a atuação da imprensa na revolução. Para Jeanneney, aquele movimento político e social, que marcou a história do Ocidente, fica incompreensível se não levarmos em conta o papel dos jornais no seu desenvolvimento. A começar pelas grandes figuras históricas, os principais "atores políticos", que eram todos jornalistas, ou como se dizia, "homens de imprensa". Outro dado importante é perceber que, durante a revolução, a imprensa não atua como um espelho do jogo político, mas ela se constitui em um ator político dentro da cena. Ela contribuiu intensamente, dando aos acontecimentos um ritmo acelerado e impregnado de emoção. Um dos primeiros grandes momentos, segundo Jeanneney, é a tomada da Bastilha, que impressiona pela maneira como a França toda toma consciência da sua importância e a transforma em um símbolo. Naquela ocasião, havia muitos jornais diários na França – muitos pesquisadores afirmam que, em 1789, existiam entre 140 e 190 periódicos – e estes contribuem para unificar a representação dos eventos, dando-lhes um sentido e uma forma. A imprensa dá inteligibilidade aos fatos e identidade aos grupos políticos. E quem não tivesse acesso aos jornais estava fora da cena.

E a opinião pública – noção que a historiadora Mona Ozouf (citada em Jeanneney, 1996:64) afirma ter aparecido no meio do século XVIII – se torna "a principal figura do dinamismo histórico, o motor da história". Sem querer estabelecer uma relação de comparação entre dois fatos incomparáveis – a Revolução Francesa e o movimento pelas diretas no Brasil –, há alguns elementos passíveis de reflexão. Quando se discute o papel da imprensa na revolução e o quanto ela contribuiu para o seu desenvolvimento e para as proporções que o movimento alcançou, recordo-me das críticas que o jornal *Folha de S. Paulo* recebeu dos concorrentes e, mais tarde, de seu diretor de redação, Octavio Frias Filho. Ali Kamel, diretor executivo de jornalismo da TV Globo, em seu artigo já mencionado, afirma que "a Globo não fez campanha, mas não deixou de fazer um bom jornalismo", em alusão à postura da *Folha* durante a campanha, uma vez que o jornal paulista aderiu desde o início ao movimento. O editor-chefe do *Jornal Nacional*, William Bonner, entrevistado por mim para esta pesquisa (ver anexo 4), também faz referência à cobertura da Globo e à expectativa do público. Para ele:

A história guardou, por imprecisões, uma imagem equivocada do que foi a cobertura da Globo. A Globo cobriu as diretas já desde o primeiro momento. (...) Mas

ANEXO 1

já estava configurada uma traição à expectativa popular e à expectativa dos formadores de opinião. (...) a Globo traiu essa expectativa porque disseram: o carro-chefe da imprensa brasileira tem que cobrir isso e bater bumbo.

A *Folha de S. Paulo* não negou a sua posição; ao contrário, assumiu sua escolha da primeira página ao editorial, passando pelas reportagens sobre o movimento nos quatro cantos do país e usando, em dias decisivos, as cores verde e amarela na capa do jornal. Essa postura "apaixonada" do diário paulista sofreu muitos elogios e muitas críticas. Para muitos, ela representou naquele período a voz da sociedade brasileira, a expressão da opinião pública que queria eleições diretas já. Para outros, era marketing e tentativa de aumentar sua tiragem. O jornal se associou à campanha desde o início e, com isso, ganhou muitos leitores, principalmente fora da cidade de São Paulo. Outros, entretanto, o criticaram duramente pelo fato de ter deixado de lado a objetividade jornalística e tomado partido, produzindo uma cobertura emocional e sem isenção. O diretor de redação da *Folha*, Octavio Frias Filho, em entrevista concedida a mim em 1986,[1] alguns anos após a campanha, criticou a atitude do jornal: "Uma das críticas que eu faço a todo aquele período das diretas já é que a *Folha* adquiriu um tom de emocionalidade, quase histérico, estridente mesmo. Talvez na época fosse necessário ser assim". A análise do jornal feita por Frias Filho aponta o excesso de emoção na cobertura, mas não critica o veículo paulista por ter assumido e expresso, ao seu leitor, a sua opinião.

O que está em jogo, no entanto, não é apenas a forma como a imprensa noticiou a campanha, mas como isso chega hoje ao público. É essa também a crítica mais contundente à Globo, feita por Conti e Bucci e endossada por outros pesquisadores (Ramos e Lima, 1988; Miguel, 1999). A questão-chave, portanto, não está no fato de a Globo não ter feito campanha *pelas* diretas. Não era o que se esperava de sua trajetória empresarial, que tomasse partido contra o governo e de maneira explícita. Para Murilo César Ramos e Venício Arthur de Lima (1988:226-227), em relação à campanha das diretas, a emissora de TV ignorou-a até duas

---

[1] Durante o ano de 1986, recebi bolsa de aperfeiçoamento do CNPq para dar continuidade à pesquisa sobre a campanha das diretas e a imprensa, que iniciara na monografia de final de curso. No âmbito desse estudo, entrevistei vários jornalistas da *Folha de S. Paulo* e também seu diretor de redação, Octavio Frias Filho.

semanas antes da votação da emenda Dante de Oliveira no Congresso. Para os autores, ela "insistiu em ignorar, até o limite de sua própria credibilidade pública, uma inequívoca manifestação popular pela democracia". Luís Felipe Miguel (1999:124) segue na mesma direção em relação à cobertura da TV Globo das diretas e enfatiza seu poder: "O poder que a emissora possui e não se furta a usar é, precisamente, o poder próprio da mídia, de contribuir para a construção das representações do mundo social através de sua programação".

Mas o ponto central da análise está no fato de, 20 anos depois, a emissora afirmar que noticiou o movimento desde o início e apresentá-lo como uma unanimidade em termos do campo jornalístico. Isso é muito discutível. Como bem argumenta Bucci (Bucci e Kehl, 2004:214), "nenhum brasileiro viu a violência do regime militar, enquanto ela acontecia de verdade, pelo jornalismo da TV dos tempos da ditadura. A TV não mostrava a ditadura. Mas, na história remontada pela Globo, lá estava ela, a ditadura extinta".

O historiador Maurice Halbwachs (1968) nos ensinou muito sobre a memória e enfatizou ser ela um fenômeno coletivo e social, construído pela sociedade e que sofre mudanças constantes. Está longe de ser algo definitivo e cristalizado. Ele procurou definir os diferentes tipos de memória, ao falar em memória histórica, memória individual e memória coletiva. A memória histórica pressupõe a reconstrução dos dados fornecidos pelo presente e projetados sobre o passado reinventado; a memória coletiva recompõe magicamente o passado. Entre essas duas direções, a consciência coletiva e a individual desenvolvem suas diversas formas de memória. E, nesse conjunto de tipos de memória, está englobada a memória individual, que está dentro da coletiva mas não se confunde com ela. Halbwachs chama a atenção para os acontecimentos não vividos pelo indivíduo, mas que marcaram a nação. São os fatos que aconteceram antes do seu nascimento e sobre os quais ele pode aumentar suas "lembranças" através da conversa e da leitura. É o que ele chama de "memória emprestada". Como se pudéssemos falar de uma memória do não-vivido.

É exatamente essa "memória emprestada" que pode se tornar memória coletiva e memória histórica que preocupa o jornalista Eugênio Bucci. Em seu artigo "A história na era de reprodutibilidade técnica", ele chama a atenção para a sua memória individual, particular e pessoal, e a relação dos brasileiros com a sua própria memória. Essa memória coletiva passou, a seu ver, ser mediada pela televisão. Bucci discorre sobre a cobertura da campanha das diretas pela Globo, em especial sobre a edição do *JN* de 25 de janeiro de 1984, aniversário da cidade de São Paulo e dia de um dos maiores comícios da campanha.

De um lado, o jornalista estabelece uma relação entre a sua memória individual – a sua lembrança do acontecimento – e a versão desse mesmo acontecimento apresentada 20 anos depois pela TV Globo, através do artigo de seu diretor executivo de telejornalismo. O jornalista diz: "Eu me lembro do que era a TV e do que era a Globo. E me lembro, também, das passeatas e dos comícios. Eu era um dos milhões que gritavam nas ruas: 'O povo não é bobo, abaixo a Rede Globo!'"

Como destaca Michael Pollack (1989:4), ao se referir às idéias de M. Halbwachs, há um processo de negociação que está por trás da relação da memória coletiva com a memória individual. Não é o caso de lidar com os fatos sociais como se fossem coisas, mas de analisar como os fatos sociais se tornam coisas e quais os processos e agentes que atuam na constituição da memória coletiva. Pollack chama a atenção para o caso da França, onde uma memória idealizante exagera o papel da Resistência, minimizando a dimensão do colaboracionismo. Pensando nos termos de Bucci, é o que a TV Globo vem buscando fazer em relação à ditadura militar. Ao negar o seu apoio incondicional aos governos militares, ela produz um ocultamento que, segundo o jornalista, produzirá um esquecimento.

E é esse esquecimento que está em questão quando se analisa a relação de jovens universitários com a televisão e com o seu noticiário. Isso porque muitos fatos retratados não fazem parte da sua memória individual, mas vão fazer parte da sua "memória emprestada", nos termos de Halbwachs. Qual será então a memória coletiva desses acontecimentos no futuro?

Kamel afirma que a fita de vídeo com a matéria do *JN* do dia 25 de janeiro de 1984 está à disposição dos interessados no Cedoc da TV Globo, ainda que mesmo Conti, com seu prestígio, não tenha conseguido vê-la. No entanto, mais importante do que a possibilidade de ver e analisar essa tão discutida fita, que no futuro talvez interesse a uns poucos estudiosos da imprensa e da vida política brasileira no século XX, é pensar que esses jovens universitários, em sua maioria com 21 anos, que não vivenciaram a campanha das diretas e tampouco têm lembrança de sua cobertura jornalística, terão acesso e serão informados de uma versão. Versão esta que faz parte de um conjunto de representações construídas da história recente do Brasil no qual há um silêncio sobre as relações de poder entre a própria empresa que produz os noticiários e as forças políticas que comandavam o país naquela época.

Certamente, os autores que buscam discutir esse tema e reavivar uma lembrança marcante e recente estão na verdade agindo, como dizia M. Pollack (1989:12), em relação à "memória enquadrada": "Indivíduos e certos grupos podem teimar em venerar justamente aquilo que os enquadradores de uma memória coletiva em um nível mais global se esforçam por minimizar ou eliminar". E enquadradores parece ser uma boa palavra, uma vez que se trata de uma memória que é reconstruída e transmitida pela tela quadrada da televisão.

Pensar em nação brasileira é pensar em nação imaginada, nos termos de B. Anderson (1989:14). Para Anderson, a nação é uma comunidade política imaginada. E sabemos o quanto a televisão atua, constrói e medeia essa comunidade imaginada chamada Brasil. Comunidade onde a memória tem um papel importante como elemento constituinte do sentimento de identidade, tanto individual quanto coletiva.

Anexo 2

Questionários e estatísticas

Questionário utilizado na pesquisa

Curso: Idade:
Período: Sexo:
Universidade: Bairro/cidade onde mora:

1. Você vê televisão?
   Todo dia (   )
   Com freqüência (   )
   Eventualmente (   )
   Raramente (   )

2. Quais os programas que você costuma/gosta de assistir?

   _____

3. Você vê o *Jornal Nacional* da TV Globo?
   Sim (   )   Não (   )
   Todo dia (   )
   Com freqüência (   )
   Eventualmente (   )
   Raramente (   )

4. Você gosta do *Jornal Nacional*?
   Sim (   )   Não (   )   Por quê?

   _____

5. Você gostaria de participar desta pesquisa sobre recepção do *Jornal Nacional*, assistindo ao menos a três edições do *Jornal Nacional* com a pesquisadora? Em caso afirmativo, escreva seu nome completo, seu telefone e e-mail para contato.

Nome:
Telefone:
E-mail:

Resultados do processamento de dados da pesquisa sobre juventude e o *Jornal Nacional* [2]

Objetivo do trabalho

O presente trabalho é o resultado da solicitação das atividades de processamento dos dados que incluem a digitação, codificação e tabulação dos dados sobre os questionários entregues. Está sendo acrescida ao serviço solicitado uma análise crítica sobre o trabalho de levantamento dos dados – uma análise do questionário e seu plano de amostragem, realizado pela dra. Isabel Travancas com alunos de graduação em cursos de serviço social, medicina, comunicação social e pedagogia, em universidades da cidade do Rio de Janeiro.

Análise crítica do levantamento de dados

O levantamento de dados foi realizado através de questionários autopreenchidos pelos respondentes, que apresentaram tipologia e tamanhos adequados, tendo um espaço para a melhoria do leiaute. Entretanto, percebe-se que as escalas utilizadas para as questões não foram adequadas aos objetivos da pesquisa, o que leva a resultados incertos porque cada categoria utilizada para as respostas pode assumir interpretações distintas para cada respondente. Diante da falta de objetividade, por exemplo, dois entrevistados que assistam TV pelo menos uma vez na semana com duração de no mínimo uma hora por semana podem responder às opções "com frequência" ou "eventualmente" na questão 1, o que faz com que os resultados totalizados não sejam acurados. Este problema verificou-se nas questões 1 e 3.

Percebe-se que na questão 2 existem duas questões propostas ao mesmo tempo, uma quanto aos programas a que se costuma assistir e outra sobre os programas que se gosta de assistir. Apesar de podermos considerar pelo bom senso que os programas que costumam ser assistidos devem agradar ao público, isso não ocorre sempre. Muitas vezes são vistos por falta de opção de entretenimento.

---

[2] Por Fávio Toda, da empresa Fato (Consultoria em Marketing e Pesquisas de Marketing).

Quanto à questão 4 do questionário, poder-se-ia aplicar outro tipo de escala, diferente da dicotômica utilizada. O ideal seria outra escala que refletisse melhor os níveis do gostar dos respondentes, como a escala de Likert.

Do ponto de vista da taxonomia utilizada em pesquisa de marketing, a pesquisa pode ser considerada do tipo quantitativa, através de amostragem não probabilística, em que a população seria todos os estudantes de universidades da cidade do Rio de Janeiro. É considerada do tipo não probabilística, dado que não permitiu a possibilidade de que outros estudantes universitários entrassem na amostra. Assim, trata-se de uma amostragem do tipo por conveniência. Apesar de ser considerada uma pesquisa quantitativa, o fato de ser uma amostra não probabilística impede que se faça uma generalização dos resultados para a população, pelo que a pesquisa deve ser vista como de natureza exploratória.

Processamento dos dados

Ao todo, foram levantadas 263 entrevistas com estudantes universitários, distribuídos em: 15% oriundos do curso de serviço social, 27% de medicina, 34% de comunicação social e 22% de pedagogia.

Figura 1
Cursos

Na amostra levantada, 69% são mulheres e os demais 31% são homens. O elevado índice de mulheres se justifica pelo fato de os cursos de serviço social e pedagogia estarem super-representados na amostra e serem constituídos por maioria de mulheres, 90% e 95% respectivamente.

Figura 2
Sexo

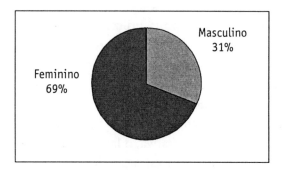

A média de idade dos alunos é de 23,4 anos, onde moda e mediana tiveram 21 anos. A menor idade encontrada foi de 17 anos e a maior, 58 anos. Verifica-se uma variabilidade relativamente alta dessa característica, com amplitude de 41 anos e desvio-padrão de 6,4 anos.

Figura 3
Faixa etária

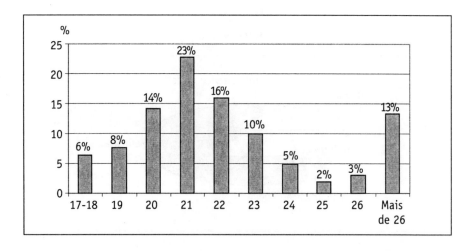

Sobre os locais de residência dos universitários, verificamos que existe predominância da região Zona Sul, com 25,5%. Incluindo os bairros da Tijuca e Barra, essas regiões totalizam quase metade dos estudantes, 44,9%.

Seguem-se os resultados do processamento de dados.

Anexo 2

Tabela 1
Curso

Base	Total	Curso					Sexo*		Região							Região	
		Serviço social	Medicina	Comunicação social	Pedagogia	Outros	Masc.	Fem.	Zona Sul	Tijuca	Barra	Baixada	Outros	Jacarepaguá	Ilha	Zona Sul/Barra/Tijuca	Outros
	263	40	72	87	58	6	82	179	67	39	12	23	94	15	13	118	145
Serviço social	15,2%	100,0%	0,0%	0,0%	0,0%	0,0%	4,9%	20,1%	6,0%	2,6%	8,3%	34,8%	20,2%	13,3%	38,5%	5,1%	23,4%
Medicina	27,4%	0,0%	100,0%	0,0%	0,0%	0,0%	43,9%	20,1%	37,3%	20,5%	50,0%	8,7%	28,7%	20,0%	7,7%	33,1%	22,8%
Comunicação social	33,1%	0,0%	0,0%	100,0%	0,0%	0,0%	45,1%	27,9%	28,4%	48,7%	16,7%	39,1%	31,9%	20,0%	38,5%	33,9%	32,4%
Pedagogia	22,1%	0,0%	0,0%	0,0%	100,0%	0,0%	3,7%	29,6%	23,9%	25,6%	16,7%	13,0%	19,1%	46,7%	15,4%	23,7%	20,7%
Outros	2,3%	0,0%	0,0%	0,0%	0,0%	100,0%	2,4%	2,2%	4,5%	2,6%	8,3%	4,3%	0,0%	0,0%	0,0%	4,2%	0,7%
Total	100,0%	100,0%	100,0%	100,0%	100,0%	100,0%	100,0%	100,0%	100,0%	100,0%	100,0%	100,0%	100,0%	100,0%	100,0%	100,0%	100,0%

* Embora tenham sido aplicados 263 questionários, dois estudantes não identificaram o sexo.

Tabela 2
Idade

	Total	Curso					Sexo*		Região							Região	
		Serviço social	Medicina	Comunicação social	Pedagogia	Outros	Masc.	Fem.	Zona Sul	Tijuca	Barra	Baixada	Outros	Jacarepaguá	Ilha	Zona Sul/ Barra/ Tijuca	Outros
Base	263	40	72	87	58	6	82	179	67	39	12	23	94	15	13	118	145
17 anos	1,1%	0,0%	0,0%	3,4%	0,0%	0,0%	0,0%	1,7%	0,0%	5,1%	0,0%	4,3%	0,0%	0,0%	0,0%	1,7%	0,7%
18 anos	5,3%	2,5%	0,0%	14,9%	0,0%	0,0%	4,9%	5,6%	4,5%	10,3%	8,3%	0,0%	3,2%	13,3%	7,7%	6,8%	4,1%
19 anos	7,6%	7,5%	4,2%	16,1%	0,0%	0,0%	4,9%	8,9%	7,5%	5,1%	8,3%	0,0%	9,6%	6,7%	15,4%	6,8%	8,3%
20 anos	14,1%	25,0%	9,7%	13,8%	12,1%	16,7%	9,8%	16,2%	16,4%	5,1%	33,3%	8,7%	16,0%	6,7%	15,4%	14,4%	13,8%
21 anos	22,8%	37,5%	23,6%	21,8%	13,8%	16,7%	22,0%	22,3%	20,9%	25,6%	16,7%	26,1%	27,7%	13,3%	0,0%	22,0%	23,4%
22 anos	16,0%	10,0%	36,1%	9,2%	5,2%	16,7%	26,8%	11,2%	22,4%	10,3%	16,7%	4,3%	18,1%	6,7%	15,4%	17,8%	14,5%
23 anos	10,3%	10,0%	16,7%	9,2%	5,2%	0,0%	13,4%	8,9%	9,0%	12,8%	0,0%	13,0%	7,4%	13,3%	30,8%	9,3%	11,0%
24 anos	4,6%	2,5%	5,6%	3,4%	6,9%	0,0%	4,9%	4,5%	0,0%	5,1%	8,3%	8,7%	5,3%	6,7%	7,7%	2,5%	6,2%
25 anos	1,9%	0,0%	2,8%	1,1%	3,4%	0,0%	3,7%	1,1%	4,5%	0,0%	0,0%	0,0%	2,1%	0,0%	0,0%	2,5%	1,4%
26 anos	3,0%	0,0%	0,0%	2,3%	10,3%	0,0%	1,2%	3,9%	4,5%	2,6%	0,0%	8,7%	1,1%	6,7%	0,0%	3,4%	2,8%
Mais de 26	13,3%	5,0%	1,4%	4,6%	43,1%	50,0%	8,5%	15,6%	10,4%	17,9%	8,3%	26,1%	9,6%	26,7%	7,7%	12,7%	13,8%
Total	100,0%	100,0%	100,0%	100,0%	100,0%	100,0%	100,0%	100,0%	100,0%	100,0%	100,0%	100,0%	100,0%	100,0%	100,0%	100,0%	100,0%

* Embora tenham sido aplicados 263 questionários, dois estudantes não identificaram o sexo.

Tabela 3
Sexo

	Total	Curso					Sexo*		Região								
		Serviço social	Medicina	Comunicação social	Pedagogia	Outros	Masc.	Fem.	Zona Sul	Tijuca	Barra	Baixada	Outros	Jacarepaguá	Ilha	Zona Sul/Barra/Tijuca	Outros
Base	263	40	72	87	58	6	82	179	67	39	12	23	94	15	13	118	145
Masculino	31,2%	10,0%	50,0%	42,5%	5,2%	33,3%	100,0%	0,0%	40,3%	28,2%	41,7%	26,1%	31,9%	0,0%	23,1%	36,4%	26,9%
Feminino	68,8%	90,0%	50,0%	57,5%	94,8%	66,7%	0,0%	100,0%	59,7%	71,8%	58,3%	73,9%	68,1%	100,0%	76,9%	63,6%	73,1%
Total	100,0%	100,0%	100,0%	100,0%	100,0%	100,0%	100,0%	100,0%	100,0%	100,0%	100,0%	100,0%	100,0%	100,0%	100,0%	100,0%	100,0%

* Embora tenham sido aplicados 263 questionários, dois estudantes não identificaram o sexo.

Tabela 4
Região

	Total	Curso					Sexo*		Região								
		Serviço social	Medicina	Comunicação social	Pedagogia	Outros	Masc.	Fem.	Zona Sul	Tijuca	Barra	Baixada	Outros	Jacarepaguá	Ilha	Zona Sul/Barra/Tijuca	Outros
Base	263	40	72	87	58	6	82	179	67	39	12	23	94	15	13	118	145
Zona sul	25,5%	10,0%	34,7%	21,8%	27,6%	50,0%	32,9%	22,3%	100,0%	0,0%	0,0%	0,0%	0,0%	0,0%	0,0%	56,8%	0,0%
Tijuca	14,8%	2,5%	11,1%	21,8%	17,2%	16,7%	13,4%	15,6%	0,0%	100,0%	0,0%	0,0%	0,0%	0,0%	0,0%	33,1%	0,0%
Barra	4,6%	2,5%	8,3%	2,3%	3,4%	16,7%	6,1%	3,9%	0,0%	0,0%	100,0%	0,0%	0,0%	0,0%	0,0%	10,2%	0,0%
Baixada	8,7%	20,0%	2,8%	10,3%	5,2%	16,7%	7,3%	9,5%	0,0%	0,0%	0,0%	100,0%	0,0%	0,0%	0,0%	0,0%	15,9%
Outros	35,7%	47,5%	37,5%	34,5%	31,0%	0,0%	36,6%	34,6%	0,0%	0,0%	0,0%	0,0%	100,0%	0,0%	0,0%	0,0%	64,8%
Jacarepaguá	5,7%	5,0%	4,2%	3,4%	12,1%	0,0%	3,7%	8,4%	0,0%	0,0%	0,0%	0,0%	0,0%	100,0%	0,0%	0,0%	10,3%
Ilha	4,9%	12,5%	1,4%	5,7%	3,4%	0,0%	0,0%	5,6%	0,0%	0,0%	0,0%	0,0%	0,0%	0,0%	100,0%	0,0%	9,0%
Total	100,0%	100,0%	100,0%	100,0%	100,0%	100,0%	100,0%	100,0%	100,0%	100,0%	100,0%	100,0%	100,0%	100,0%	100,0%	100,0%	100,0%

* Embora tenham sido aplicados 263 questionários, dois estudantes não identificaram o sexo.

Tabela 5
Pergunta 1: você vê televisão?

	Total	Curso					Sexo*		Região							Região	
		Serviço social	Medicina	Comunicação social	Pedagogia	Outros	Masc.	Fem.	Zona Sul	Tijuca	Barra	Baixada	Outros	Jacarepaguá	Ilha	Zona Sul/ Barra/ Tijuca	Outros
Base	263	40	72	87	58	6	82	179	67	39	12	23	94	15	13	118	145
Todos os dias	58,9%	65,0%	52,8%	66,7%	55,2%	16,7%	52,4%	62,6%	64,2%	56,4%	33,3%	56,5%	55,3%	93,3%	53,8%	58,5%	59,3%
Com freqüência	21,7%	15,0%	25,0%	20,7%	19,0%	66,7%	24,4%	20,1%	20,9%	23,1%	16,7%	26,1%	23,4%	6,7%	23,1%	21,2%	22,1%
Eventualmente	14,4%	7,5%	16,7%	11,5%	20,7%	16,7%	15,9%	13,4%	10,4%	17,9%	33,3%	8,7%	16,0%	0,0%	23,1%	15,3%	13,8%
Raramente	4,9%	12,5%	5,6%	1,1%	5,2%	0,0%	7,3%	3,9%	4,5%	2,6%	16,7%	8,7%	5,3%	0,0%	0,0%	5,1%	4,8%
Total	100,0%	100,0%	100,0%	100,0%	100,0%	100,0%	100,0%	100,0%	100,0%	100,0%	100,0%	100,0%	100,0%	100,0%	100,0%	100,0%	100,0%

* Embora tenham sido aplicados 263 questionários, dois estudantes não identificaram o sexo.

Tabela 6
Pergunta 2: quais os programas que você costuma/gosta de assistir?

	Total	Curso					Sexo*		Região							Região	
		Serviço social	Medicina	Comunicação social	Pedagogia	Outros	Masc.	Fem.	Zona Sul	Tijuca	Barra	Baixada	Outros	Jacarepaguá	Ilha	Zona Sul/ Barra/ Tijuca	Outros
Base	263	40	72	87	58	6	82	179	67	39	12	23	94	15	13	118	145
Jornalístico	76,8%	80,0%	68,1%	73,6%	93,1%	50,0%	69,5%	80,4%	70,1%	69,2%	66,7%	82,6%	80,9%	80,0%	100,0%	69,5%	82,8%
Novelas	47,1%	67,5%	47,2%	41,4%	46,6%	0,0%	20,7%	58,7%	38,8%	56,4%	50,0%	52,2%	41,5%	60,0%	76,9%	45,8%	48,3%
Filmes	36,5%	30,0%	40,3%	34,5%	39,7%	33,3%	43,9%	33,0%	44,8%	33,3%	33,3%	30,4%	35,1%	20,0%	46,2%	39,8%	33,8%
Programas de entrevistas	24,0%	17,5%	20,8%	26,4%	31,0%	0,0%	24,4%	22,9%	20,9%	23,1%	25,0%	30,4%	28,7%	20,0%	0,0%	22,0%	25,5%
Documentários	15,2%	5,0%	18,1%	14,9%	17,2%	33,3%	18,3%	14,0%	23,9%	5,1%	25,0%	8,7%	13,8%	13,3%	15,4%	17,8%	13,1%
Programas esportivos	10,6%	5,0%	20,8%	10,3%	3,4%	0,0%	29,3%	2,2%	13,4%	10,3%	16,7%	0,0%	11,7%	6,7%	7,7%	12,7%	9,0%
Outros	65,4%	52,5%	63,9%	71,3%	67,2%	66,7%	61,0%	67,0%	70,1%	69,2%	66,7%	43,5%	64,9%	80,0%	53,8%	69,5%	62,1%
Total	275,7%	257,5%	279,2%	272,4%	298,3%	183,3%	267,1%	278,2%	282,1%	266,7%	283,3%	247,8%	276,6%	280,0%	300,0%	277,1%	274,5%

* Embora tenham sido aplicados 263 questionários, dois estudantes não identificaram o sexo.

Tabela 7

Pergunta 3: você vê o *Jornal Nacional* da TV Globo?

	Total	Curso					Sexo*		Região							Região	
		Serviço social	Medicina	Comunicação social	Pedagogia	Outros	Masc.	Fem.	Zona Sul	Tijuca	Barra	Baixada	Outros	Jacarepaguá	Ilha	Zona Sul/ Barra/ Tijuca	Outros
Base	263	40	72	87	58	6	82	179	67	39	12	23	94	15	13	118	145
Sim	95,1%	95,0%	90,3%	97,7%	96,6%	100,0%	90,2%	97,2%	92,5%	94,9%	91,7%	95,7%	95,7%	100,0%	100,0%	93,2%	96,6%
Não	4,9%	5,0%	9,7%	2,3%	3,4%	0,0%	9,8%	2,8%	7,5%	5,1%	8,3%	4,3%	4,3%	0,0%	0,0%	6,8%	3,4%
Total	100,0%	100,0%	100,0%	100,0%	100,0%	100,0%	100,0%	100,0%	100,0%	100,0%	100,0%	100,0%	100,0%	100,0%	100,0%	100,0%	100,0%

* Embora tenham sido aplicados 263 questionários, dois estudantes não identificaram o sexo.

Tabela 8

Pergunta 3: você vê o *Jornal Nacional* da TV Globo? (Para quem disse sim)

	Total	Curso					Sexo*		Região							Região	
		Serviço social	Medicina	Comunicação social	Pedagogia	Outros	Masc.	Fem.	Zona Sul	Tijuca	Barra	Baixada	Outros	Jacarepaguá	Ilha	Zona Sul/ Barra/ Tijuca	Outros
Base	250	38	65	85	56	6	74	174	62	37	11	22	90	15	13	110	140
Todos os dias	13,6%	26,3%	6,2%	9,4%	19,6%	16,7%	12,2%	14,4%	9,7%	13,5%	0,0%	13,6%	16,7%	26,7%	7,7%	10,0%	16,4%
Com freqüência	47,2%	44,7%	47,7%	56,5%	35,7%	33,3%	50,0%	45,4%	48,4%	43,2%	36,4%	54,5%	45,6%	53,3%	53,8%	45,5%	48,6%
Eventualmente	26,4%	18,4%	33,8%	22,4%	28,6%	33,3%	23,0%	28,2%	29,0%	18,9%	45,5%	27,3%	24,4%	20,0%	38,5%	27,3%	25,7%
Raramente	12,8%	10,5%	12,3%	11,8%	16,1%	16,7%	14,9%	12,1%	12,9%	24,3%	18,2%	4,5%	13,3%	0,0%	0,0%	17,3%	9,3%
Total	100,0%	100,0%	100,0%	100,0%	100,0%	100,0%	100,0%	100,0%	100,0%	100,0%	100,0%	100,0%	100,0%	100,0%	100,0%	100,0%	100,0%

* Embora tenham sido aplicados 263 questionários, dois estudantes não identificaram o sexo.

Tabela 9
Pergunta 4: você gosta do *Jornal Nacional*?

	Total	Curso					Sexo*		Região							Região	
		Serviço social	Medicina	Comunicação social	Pedagogia	Outros	Masc.	Fem.	Zona Sul	Tijuca	Barra	Baixada	Outros	Jacarepaguá	Ilha	Zona Sul/Barra/Tijuca	Outros
Base	263	40	72	87	58	6	82	179	67	39	12	23	94	15	13	118	145
Sim	67,3%	60,0%	76,4%	62,1%	72,4%	33,3%	64,6%	68,2%	56,7%	74,4%	58,3%	69,6%	69,1%	73,3%	84,6%	62,7%	71,0%
Não	25,5%	30,0%	19,4%	29,9%	22,4%	33,3%	30,5%	23,5%	31,3%	17,9%	25,0%	26,1%	27,7%	20,0%	7,7%	26,3%	24,8%
Não respondeu/Não sabe	7,2%	10,0%	4,2%	8,0%	5,2%	33,3%	4,9%	8,4%	11,9%	7,7%	16,7%	4,3%	3,2%	6,7%	7,7%	11,0%	4,1%
Total	100,0%	100,0%	100,0%	100,0%	100,0%	100,0%	100,0%	100,0%	100,0%	100,0%	100,0%	100,0%	100,0%	100,0%	100,0%	100,0%	100,0%

* Embora tenham sido aplicados 263 questionários, dois estudantes não identificaram o sexo.

Tabela 10

Pergunta 4: você gosta do *Jornal Nacional*? (Motivos – para quem respondeu)

	Total	Curso					Sexo*		Região							Região	
		Serviço social	Medicina	Comunicação social	Pedagogia	Outros	Masc.	Fem.	Zona Sul	Tijuca	Barra	Baixada	Outros	Jacarepaguá	Ilha	Zona Sul/ Barra/ Tijuca	Outros
Base	263	40	72	87	58	6	82	179	67	39	12	23	94	15	13	118	145
Positivos																	
Informativo	33,5%	15,0%	44,4%	32,2%	37,9%	0,0%	30,5%	35,2%	31,3%	35,9%	25,0%	26,1%	36,2%	40,0%	30,8%	32,2%	34,5%
Notícias do Brasil e do mundo	12,5%	15,0%	16,7%	6,9%	15,5%	0,0%	9,8%	14,0%	9,0%	20,5%	16,7%	4,3%	10,6%	20,0%	23,1%	13,6%	11,7%
Atual	4,6%	5,0%	5,6%	1,1%	8,6%	0,0%	2,4%	5,6%	4,5%	2,6%	8,3%	0,0%	5,3%	6,7%	7,7%	4,2%	4,8%
Variado	3,0%	7,5%	5,6%	0,0%	0,0%	16,7%	1,2%	3,9%	6,0%	2,6%	0,0%	0,0%	3,2%	0,0%	0,0%	1,7%	2,1%
Claro	1,9%	5,0%	1,4%	1,1%	1,7%	0,0%	0,0%	2,8%	1,5%	0,0%	8,3%	0,0%	2,1%	0,0%	7,7%	1,7%	2,1%
Completo	6,1%	0,0%	6,9%	6,9%	8,6%	0,0%	8,5%	5,0%	3,0%	5,1%	16,7%	4,3%	5,3%	13,3%	15,4%	5,1%	6,9%
Outros	28,5%	32,5%	25,0%	29,9%	25,9%	50,0%	32,9%	26,3%	20,9%	25,6%	25,0%	39,1%	28,7%	40,0%	46,2%	22,9%	33,1%
Negativos																	
Tendencioso	8,7%	20,0%	2,8%	8,0%	6,9%	33,3%	9,8%	8,4%	11,9%	2,6%	8,3%	4,3%	10,6%	6,7%	7,7%	8,5%	9,0%
Superficial	7,2%	10,0%	2,8%	10,3%	6,9%	0,0%	7,3%	6,7%	10,4%	0,0%	8,3%	0,0%	10,6%	6,7%	0,0%	6,8%	7,6%
Manipulador	2,7%	10,0%	1,4%	1,1%	1,7%	0,0%	2,4%	2,8%	0,0%	0,0%	0,0%	8,7%	4,3%	0,0%	7,7%	0,0%	4,8%
Sem reflexão	3,0%	10,0%	0,0%	3,4%	1,7%	0,0%	2,4%	3,4%	1,5%	2,6%	0,0%	4,3%	4,3%	6,7%	0,0%	1,7%	4,1%
Parcial	0,0%	0,0%	0,0%	0,0%	0,0%	0,0%	0,0%	0,0%	0,0%	0,0%	0,0%	0,0%	0,0%	0,0%	0,0%	0,0%	0,0%
Fragmentado	4,6%	12,5%	2,8%	3,4%	3,4%	0,0%	3,7%	5,0%	3,0%	2,6%	8,3%	4,3%	5,3%	13,3%	0,0%	3,4%	5,5%
Outros	31,9%	40,0%	20,8%	36,8%	32,8%	33,3%	31,7%	32,4%	37,3%	28,2%	33,3%	39,1%	27,7%	40,0%	23,1%	33,9%	30,3%
Não respondeu	8,0%	2,5%	15,3%	6,9%	3,4%	16,7%	8,5%	7,8%	6,0%	17,9%	8,3%	4,3%	7,4%	6,7%	0,0%	10,2%	6,2%
Total	156,3%	185,0%	151,4%	148,3%	155,2%	150,0%	151,2%	159,2%	146,3%	146,2%	166,7%	139,1%	161,7%	200,0%	169,2%	148,3%	162,8%

* Embora tenham sido aplicados 263 questionários, dois estudantes não identificaram o sexo.

Anexo 3

Dados do Ibope sobre o *Jornal Nacional*, de 1-1-2004 a 20-6-2004

Tabela 11
Brasil – Domicílios

Classe	AB	C	DE
Audiência domiciliar em números absolutos			
Total: 6.666.700	1.996.700	2.567.600	2.102.400
Audiência domiciliar em percentagem			
Média: 42%	43,4%	41,7%	41,2%
Perfil da audiência domiciliar em percentagem			
Total: 100%	30,0%	38,5%	31,5%

Tabela 12
Grande Rio – Domicílios

Classe	AB	C	DE
Audiência domiciliar em números absolutos			
Total: 1.453.900	440.400	609.600	403.900
Audiência domiciliar em percentagem			
Média: 44,4%	47,5%	44,2%	41,7%
Perfil da audiência domiciliar em percentagem			
Total: 100%	30,4%	41,9%	27,8%

Os dados referentes a Brasil são do Painel Nacional de Televisão (PNT). A pesquisa foi realizada em todo o país, com amostragem de várias capitais e interior de alguns estados.

Os dados utilizados aqui são do Perfil de Audiência Familiar (Adh), escolhidos por serem de mais fácil compreensão. O Ibope também trabalha com outras referências: índice de audiência em percentagem (familiar e de indivíduos) e índice de audiência em números absolutos (familiar e de indivíduos).

Tabela 13
Domicílios (%)

Universo	AB	C	DE
Grande Rio	30,4	41,9	27,8
Brasil	30,0	38,5	31,5

Tabela 14
Sexo (%)

Universo	Homens	Mulheres
Grande Rio	37,7	62,3
Brasil	40,4	59,6

Tabela 15
Faixa etária (%)

Universo	4 a 11	12 a 17	18 a 24	25 a 34	35 a 49	+50
Grande Rio	11,4	8,8	8,6	13,4	23,8	34,0
Brasil	11,9	9,4	10,9	15,7	24,7	27,4

Anexo 4

Entrevista com William Bonner, editor-chefe do *Jornal Nacional*

IT Queria que você apresentasse uma pequena biografia sua.

WB Eu nasci em São Paulo em 1963, tenho 40 anos e estudei a vida inteira lá. Cursei comunicação social na Escola de Comunicações e Artes da USP. Já tive experiências profissionais na área de publicidade, como redator publicitário. E como locutor de rádio noticiarista, como apresentador de televisão e editor de telejornalismo. Estou em televisão desde 1985. Primeiramente na TV Bandeirantes de São Paulo, onde comecei a trabalhar em *off*, sem aparecer no vídeo. Em setembro de 1985, passei a apresentar um jornal local. Em janeiro de 1986, passei a apresentar um telejornal no final da noite, chamado *Jornal de Amanhã*. Em junho daquele ano, eu fui convidado a ir para a Globo, com a condição de não apenas apresentar, mas participar do processo de produção do jornal, para aprender. E eu fiquei de junho de 1986 até julho de 1989 na Globo de São Paulo, fazendo edições do *SPTV* como apresentador e um dos editores. Eu me mudei em definitivo para o Rio para apresentar o *Jornal da Globo* em julho de 1989 e estou aqui desde então. Fiz durante mais ou menos três anos o *Jornal da Globo*, depois passei a ser editor-chefe do *Jornal Hoje*, que era apresentado aqui no Rio em 1993, onde fiquei até 1996. Em 1996, o Evandro Carlos de Andrade me convidou a passar para o *JN*. Não como editor-chefe, mas para integrar a equipe do *JN*. Apresentar e ser um dos editores. E estou no *JN* desde

1º de abril de 1996. Em setembro de 1999, me tornei editor-chefe. Primeiro interinamente, depois fui efetivado e estou no cargo desde então. Eu gosto muito do que faço. Gosto de apresentar o jornal, é algo que me diverte, é gostoso. É algo totalmente diferente da atividade de edição. Mas o que dá um prazer muito grande é a atividade de edição. Basicamente porque eu gosto muito de escrever e, como editor-chefe, sou responsável final pelo formato de texto do jornal. Há alguns compromissos que nós temos de atender, entre os quais mostrar todos os dias, independentemente do tempo de produção disponível, aquilo que de mais importante se deu no Brasil e no mundo naquele dia e, paralelamente a isso, atender as nossas necessidades de cumprir um papel de responsabilidade social. Nós temos um papel importante a desempenhar. O *JN* é um veículo importante para isso. Tudo aquilo que pode ajudar o cidadão, não apenas a compreender o mundo, porque isso faz parte das notícias, mas aquilo que faz um cidadão estar atento para ações sociais, para voluntariado, às vezes para a própria saúde, com campanhas de erradicação dessa ou daquela doença, de vacinação. Tudo o que tenha um caráter social tem espaço garantido no *Jornal Nacional*. Nesse período de setembro de 1999 até 2004, nós reintroduzimos alguns temas no *JN* que estavam um pouco afastados, dado o foco prioritário do jornal na gestão anterior, que durou de 1996 a 1999. Essa gestão deu um foco muito grande ao *fait divers*, às variedades, às coisas mais leves. E, de 1999 para cá, eu procurei retomar alguns temas do *hardnews* que estavam muito diluídos no jornal. Num primeiro momento, economia, macroeconomia; num segundo, política, decisões políticas, negociações, discussões políticas. Num terceiro momento, ano da eleição, foi política partidária. Foi um ano eleitoral importante e a gente deu uma cobertura ampla. E, após a eleição, a gente começou a cobrir cultura, que estava meio esquecida no *JN*. Nesse período, a gente criou algumas séries que não se esgotam nelas próprias, tipo "Brasil Bonito". Uma série voltada para ações de voluntariado, que entra de vez em quando. Foram três reportagens iniciais, premiadas pela Embratel. Mas a idéia é que entre no ar de tempos em tempos, com algum material que se encaixe com a vinheta Brasil Bonito. Essa iniciativa ganhou prêmio da Unesco. Tivemos séries internacionais no Iraque, no Afeganistão. Cobrimos guerras, de maneira heróica, os atentados de 2001, fomos finalistas do Oscar da televisão mundial, que é o Emmy Internacional. Enfim, tem uma série de coisas que o *JN* fez nos últimos anos que mostram o seguinte: hoje, nós não temos de provar nada para ninguém. Não temos de fazer esforço para mostrar que somos independentes, porque somos independentes. Temos provado isso constantemente. Temos coberto todos os assuntos. Não há assuntos proibidos, não há favorecimento a ninguém. O que há aqui é uma equipe de editores que discute abertamente os temas e procura encontrar o melhor caminho para fazer. Porque acusavam demais de apostar em coisas leves, no que não é importante. O que é importante tá aqui. E quando não está aqui, a gente fica muito chateado, porque é uma falha nossa. Ou uma falha de avaliação pessoal minha ou coletiva, ou de apuração. Felizmente, isso não acontece com freqüência. Queremos dar furos. Somos um produto jornalístico e somos o produto jornalístico de maior importância hoje no Brasil e não adianta negar isso. Nós atingimos um público maior do que qualquer jornal de papel, e nós falamos para um público que é iletrado. Infelizmente, nós somos a única fonte de informação. É o único ponto de contato. É uma responsabilidade brutal. Feliz do país que tem uma situação indesejável como essa sendo administrada por pessoas com as preocupações que nós temos aqui. Nós TV Globo. É uma empresa com grande noção de responsabilidade social. A gente sabe exatamente o poder que a gente tem. E usa isso para o bem. Como eu falo às vezes, brincando: "Não somos maniqueístas, mas se alguém tiver que ser bonzinho, nós somos bonzinhos. Os outros não são". Enfim, o *JN* é basicamente isso. Um jornal factual, que tenta abrir espaço para discussões da atualidade que te permitam compreender melhor o mundo e o país em que vive e, quando sobra tempo, a gente insere material jornalístico que te permita respirar um pouco. Dá um "saborzinho". Uma arejada no noticiário, para que o programa de televisão seja também interessante.

IT Qual é o público que está na cabeça de vocês quando selecionam as notícias? Na reunião de manhã, você falava: "nosso público não sabe o que é transgênico". É semi-alfabetizado?

WB Na verdade, a participação da audiência do *JN* é muito mais presente nas classes A e B do que nas demais. Se você pegar o público classe A, a nossa fatia no público classe A, nosso *share* é maior que na classe B; na classe B, é maior do que na classe C e na D e assim por diante. O problema é que este país... Então é um jornal popular? Não. O nosso público principal não é mais popular. Isso é curioso. No entanto, quando você fala no Brasil em classe B ou classe A, isso não tem nada a ver com a bagagem cultural. Você tem pessoas que têm posses, uma condição financeira melhor, e, no entanto, não têm uma bagagem cultural me-

132 JUVENTUDE E TELEVISÃO

lhor por isso obrigatoriamente. Então, é um público que tem grandes dificulda-des de entender temas complexos, grande dificuldade de abstração para temas que exigem abstração, para macroeconomia, por exemplo. Então, nesses momen-tos, temos de triplicar a atenção e traduzir as coisas aparentemente mais simples.

IT E em termos de faixa etária?

WB Não tenho preocupação com faixa etária. Acho que a preocupação com faixa etária se daria se eu estivesse preocupado, se o foco número um do meu trabalho fosse audiência. Se fosse, eu teria, por exemplo, de melhorar a minha audiência com o público adolescente. Porque é um público muito menor do que nas demais faixas. Mas não é o meu foco. O meu foco é mostrar o que aconteceu de mais importante no Brasil e no mundo naquele dia. Eu tenho um compromis-so silencioso com o público. Pelo qual o público não sabe o que vai ver no *JN*. Ele só sabe o que não vai ver. Por exemplo: a cobertura de assuntos policiais. Através de pesquisas, recebemos comentários do público dizendo: "Ah! O *JN* cobre essas coisas, mas de um jeito limpo". É bonita a expressão. E, às vezes, o *JN* cobre as mesmas coisas que aqueles programas da tarde cobriram, mas de outro jeito. É limpo, não tem aquele sangue. Não tem aquele sensacionalismo. É sensacional ouvir isso do público. E, de fato, essa é a nossa preocupação. Então, eu te digo: o público não sabe o que vai ver, mas sabe o que não vai ver. Ele não vai ver sangue, não vai ver imagens que possam chocá-lo desnecessariamente, não vai tomar co-nhecimento de detalhes escabrosos de crimes escabrosos.

IT Queria que você falasse um pouco das vantagens e das desvantagens de ser editor de um jornal como o *Jornal Nacional*, que está fazendo 35 anos. E como se sente, sendo editor-chefe de um jornal que tem um peso, uma história, para o bem e para o mal.

WB Vantagens. Como eu me considero uma pessoa rigorosamente hones-ta e com grandes preocupações sociais, a vantagem é que posso exercitar na práti-ca as idéias que eu defendo de discussão de temas sociais. Ou seja, eu acho que, como editor-chefe do *Jornal Nacional*, tenho uma oportunidade de me sentir útil para a sociedade profissionalmente. Isso é uma vantagem pessoal. A vantagem para o *JN* de ter um apresentador como editor-chefe é muito grande. Porque, para o *JN*, ter um sujeito que está lendo as notícias ali sendo o editor-chefe significa que a todo instante uma notícia estará entrando e, até o momento terminal da emissão, a informação passará pelo editor-chefe, que é alguém que supostamente tem a visão do todo. Pode, até o último segundo, trocar uma palavra, trocar a ordem de uma frase, repaginar alguma coisa para que fique melhor, para que fique mais claro. Para que atenda ao nosso compromisso de informar com mais clareza. Então, tem uma sutileza. Para o *JN*, tanto faz que o editor-chefe apresente, mas é muito importante que o apresentador seja o editor-chefe. E desvantagens? Desvantagem para mim, pessoa física, de ser apresentador e editor-chefe é, evidentemente, o esgotamento físico e mental. Quando subo para dar boa-noite com a melhor voz que eu tiver, eu já estou aqui há umas 10 horas, queimando as minhas energias. É uma desvantagem. Talvez eu não esteja no melhor da minha forma, embora a adrenalina se encarregue de me manter num pique frenético, tomando decisões. Desvantagem para o jornal de eu ser as duas coisas, acho que não existe. A não ser que a qualidade da edição ou da apresentação caísse, pelo acúmulo de funções. Mas eu tenho a impressão de que, como estou há quatro anos fazendo isso, esse risco é residual. No primeiro momento, não era assim. Quando assumi a chefia, subia e chegava lá mal. A qualidade da apresentação caiu. Isso é flagrante. Hoje consegui atingir um equilíbrio, em que eu doso o meu estresse.

IT   Eu queria ouvir a sua leitura crítica do *Jornal Nacional*. E, como editor-chefe, como você vê hoje alguns momentos polêmicos, como a cobertura da campanha pelas diretas, o debate entre Collor e Lula...

WB O *JN* vai completar 35 anos. Eu tenho uma posição que não é como editor-chefe do *JN*, mas como cidadão, como profissional de jornalismo. Tenho uma opinião sobre eventos da história do *JN*. Ele surgiu num momento em que havia censura na televisão, mas com uma missão muito digna de integrar o país pela notícia. De fazer que alguém do Amazonas se enxergasse brasileiro, dividindo problemas nacionais com um telespectador do Rio Grande do Sul. Isso é fabuloso e não tem preço. É uma conquista da televisão brasileira, particularmente da TV Globo. O Brasil se enxerga na Globo e o conceito de identidade nacional é flagrante quando você coloca uma TV na frente de um seringueiro ou de um motobói de São Paulo. Ele olha e diz: isso é Brasil, eu sei que é. Eles se reconhe-

134 JUVENTUDE E TELEVISÃO

cem. Mas havia censura. Então, todo tipo de limitação imposta pela censura evidentemente se manifestou na qualidade do material que foi exibido naquela ocasião. E isso durou muitos e muitos anos. Tem uma passagem célebre de uma entrevista com o Ernesto Geisel, dentro de um trem-bala japonês, quando ele era presidente da República e dava entrevista fora do Brasil, e não aqui. Isso é histórico, está nos arquivos. Depois, a gente teve o movimento pela anistia, a Globo cobriu a chegada dos anistiados. Depois, veio a campanha das diretas já. A Globo cobriu as diretas já. A história guardou, por imprecisões, uma imagem equivocada do que foi a cobertura da Globo. A Globo cobriu as diretas já desde o primeiro momento. Mas há polêmicas sobre o fato de que o primeiro comício das diretas foi coberto dentro de uma reportagem sobre o aniversário de São Paulo, e o que a gente chama de "cabeça" da reportagem se referiu ao aniversário de São Paulo. Havia uma pressão forte do governo militar para que não houvesse cobertura; no entanto, cobriu-se. E dentro do VT[3] do aniversário de SP – dizem que ela se diluiu. Não diluiu, não. A maior parte do VT é destinada ao comício das diretas, com a presença do repórter no comício, com sobe som,[4] inclusive de Tancredo Neves, dentro do VT. E cobriu depois daquilo, mas aí já estava configurada uma traição à expectativa popular e à expectativa dos formadores de opinião. Quer dizer, naquele momento, a Globo traiu essa expectativa porque disseram: o carro-chefe da imprensa brasileira tem que cobrir isso e bater bumbo.

IT Hoje, como editor-chefe, você daria as diretas?

WB É evidente, mas eu não teria um helicóptero sobrevoando o oitavo andar do prédio da Lopes Quintas, aqui ao nosso lado, como eles tiveram na ocasião.[5] Depois, quando as diretas já caíram no Colégio Eleitoral, cobriram. Digo cobriram porque eu não estava aqui. Depois disso, teve a primeira eleição direta. Cobrimos a eleição direta. Não gostei da cobertura, eu já trabalhava aqui.

---

[3] VT (*video tape*) – equipamento eletrônico que grava o sinal de áudio e vídeo gerado por uma câmera.

[4] "Sobe som" é uma marcação técnica no *script* do jornal que indica ao técnico de som (sonoplasta) a hora de colocar o som da edição em VT no ar (e não o som da fala do apresentador).

[5] Ele está se referindo ao fato, citado no livro *Notícias do Planalto*, de Mário Sérgio Conti (1999:39), de que o empresário Roberto Irineu Marinho em 25 de janeiro de 1984, dia de um dos maiores comícios da campanha pelas eleições diretas, ocorrido em São Paulo, tinha um helicóptero militar na altura de sua sala na Rede Globo, quando editava o *JN*. O objetivo era intimidá-lo, uma vez que o governo Figueiredo era contra as eleições diretas.

Anexo 4

Não gostei da cobertura, achei extremamente burocrática. E houve aquele "evento" debate. Na minha opinião – isso é a minha opinião pessoal, não é a opinião corporativa –, houve um primeiro erro: editar um debate. Erro esse que não cometemos em 2002. Editar um debate significa cortar partes, selecionar coisas. Um debate é quase um ser vivo. Ele tem altos e baixos o tempo todo. O alto de um é o baixo do outro. O *Jornal Hoje* procurou fazer aquela edição absolutamente isenta. Eu vou pegar os melhores momentos de cada candidato e vou editar. E vou dar o mesmo tempo para cada um. Isso é lindo filosoficamente. Mas jornalisticamente é um desastre. Porque você pressupõe que os dois candidatos tiveram igual número de participações positivas e não era verdade. O Fernando Collor engoliu o Lula naquele debate. O Lula foi mal, chegou nervoso. E fez um debate ruim, frustrou seus eleitores. O *Hoje* fez igual. Quando chegou no *Jornal Nacional* – eu não participei disso, não estava dentro do processo decisório –, tentou-se corrigir o erro do *Jornal Hoje*. O que seria até razoável. Se não tivesse já o "pecado original" de editar um debate. E aí fizeram isso, na minha opinião, de maneira desastrosa. Porque o Collor tinha sido melhor que o Lula flagrantemente no debate, mas não do jeito que o *JN* botou. Porque o *JN* botou de um jeito que parecia uma demolição. E não era um retrato fiel do que tinha acontecido. Isso foi um desastre para a história. Um desastre porque até hoje tem gente que lembra o que a Globo fez no debate entre Collor e Lula. O Lula, muito antes de ser presidente da República, inocentou a TV Globo disso. Ele disse: "Eu perdi o debate. Não foi a Globo que me fez perder a eleição". Mas não importa. É natural que haja uma crítica, uma cobrança sobre isso, e eu, como jornalista, acho que foi uma edição ruim. Em 2002, nós não caímos nessa armadilha. Nós organizamos um debate com regras muito claras desde o início, que todos assinaram. Foi com grande antecedência. O debate do primeiro turno, o debate do segundo turno e até a entrevista do presidente eleito, no dia seguinte, no *Jornal Nacional*. Tudo isso estava lá. Se o Ciro Gomes fosse presidente da República, ele já tinha topado, o Lula e o Serra e o Garotinho. Estava tudo certo desde o começo. Mas teve a celeuma. Privilegiou a Globo. Privilegiou, não. Em televisão, você tem uma coisa chamada planejamento. Você tem de planejar as coisas. Quando você planeja, em geral obtém resultados. E a gente conseguiu. Eu não tive a menor dúvida de que haveria entrevista. A questão era saber onde ela seria. Porque tínhamos um presidente eleito. O que aconteceu foi que nós nos deslocamos para São Paulo para fazer a entrevista. A assessoria do Lula confirmou: "Nós temos um compromisso,

136   JUVENTUDE E TELEVISÃO

nós vamos dar, estava acertado. O Lula vai dar a entrevista. Mas tem que ser em São Paulo". OK, vamos a São Paulo. Peguei um avião, fui para São Paulo, ancoramos o *JN* de lá: Fátima aqui e eu lá, e fizemos a entrevista. O mais importante da cobertura de 2002 foi o todo. Porque a gente conseguiu cobrir dando ao público informações objetivas, com base em dados do IBGE 1990, 2000, comparando um com outro e vendo quais seriam os desafios do futuro presidente. Fizemos isso ao longo de meses, promovemos entrevistas com os candidatos, debates ao vivo; portanto, não se edita, é ao vivo. As regras eram claras para todos. Debate ao vivo, sem edição. Proibido usar na propaganda eleitoral dos candidatos e nós mesmos nos proibimos de usar. Não podia mostrar no telejornal o resultado do debate. Era um compromisso. A audiência foi extraordinária, e nós prestamos um serviço espetacular para a democracia. Nós TV Globo, nós Organizações Globo, e eles, os candidatos, que se prestaram a isso. Cobertura de eleição, entrevista com o presidente, e um abraço. E, daí em diante, começou o governo e aí vamos cobrir o governo. Como é que vai ser a cobertura do governo Lula? Como tem de ser uma cobertura de governo. Eles tomam decisões, você anuncia. Tem um problema diagnosticado ali, você cobre. Se tem uma ação que você julga relevante, dá espaço para ela e assim por diante, como sempre foi feito. A democracia brasileira amadureceu. A mídia amadureceu. Os candidatos amadureceram. E como vai ser em 2006? Vai ser melhor do que em 2002. Eu tenho certeza. A democracia está consolidada no Brasil, seremos todos ainda mais experientes, os candidatos todos terão mais quatro anos de democracia nas costas, isso faz uma diferença danada. É algo a se festejar para a cidadania.

IT Qual o peso do nome *Jornal Nacional*? Em que medida ele te abre portas e o quanto as pessoas querem aparecer nele?

WB Há um pouco de mito nisso. A gente também tem de correr atrás. É evidente que, se eu preciso apurar uma notícia, e estou com dificuldades na sucursal de Brasília para apurar uma determinada informação, eu pego o telefone, ligo e tento. E eu vou usar o meu nome. Porque eles sabem. Não é o William. Mas circunstancialmente hoje ele se chama William. Se o *Jornal Nacional* quer uma informação, a gente tem a obrigação de conseguir. E as pessoas que estão do outro lado sabem o que pode significar não ter a informação para o *JN*. Eu dou um exemplo clássico, que foi a crise energética. Em Brasília, "o pau tava comendo", a crise energética com mil boatarias, autoridades governamentais dizendo coisas diferentes, e uma reunião com o presidente Fernando Henrique e assessores. Todo mundo trancado na reunião e a gente precisando apurar o que estava acontecendo e não conseguia. Eu peguei o telefone e liguei para Brasília. E expliquei para a Ana Tavares, assessora da presidência: "O *Jornal Nacional* vai entrar no ar daqui a duas horas e meia e eu não sei o que está acontecendo aí dentro e eu vou dizer que não sei. Ninguém sabe o que está acontecendo. Agora eu vou te dizer o que eu sei. O cara da Aneel disse tal coisa, o sujeito da Eletrobrás disse outra coisa". Ela disse: "É mesmo? Espera um pouquinho, te ligo já". Daí a pouco, ela me liga. "Eu vou te botar na linha com o Pedro Parente." O ministro Pedro Parente atendeu. E eu disse: "Ministro, muito obrigado por me atender, mas eu preciso saber o que está acontecendo. Olha o que o *Jornal Nacional* vai publicar daqui a pouco". Ele soltou um sonoro palavrão e falou: "Você me dá um minuto que eu preciso falar com o chefe". Ele deu uma entrevista para nós, para o Heraldo Pereira e para o resto da imprensa brasileira que estava lá. Eles não sabiam que estava tendo aquele tiroteio. Foi o dia histórico em que o sr. Pedro Parente foi nomeado o gestor da crise de energia. E que a *Folha* apelidou de Ministério do Apagão. E assim foi feito. Claro que o *JN* tem um peso extraordinário. Hoje, circunstancialmente, eu pus o meu nome e consigo. Mas o meu sucessor conseguirá também. O *JN* é o que ele é. O principal veículo de notícias do Brasil. Não é *O Globo*, não é a *Folha*, não é ninguém mais. É o *Jornal Nacional*. É um cargo engraçado esse. Eu não me sinto com esse peso todo nas costas. O peso que eu sinto não é de pressão do cara querendo entrar no *Jornal Nacional*. O peso que eu sinto é: eu não posso errar. Porque muita gente me vê e uma parcela significativa da população me tem como fonte única. Ou principal ou única. Então, eu não posso errar. Mas eu faço alongamento todos os dias e procuro correr um pouco.

IT E, no dia-a-dia, como se dá isso? Te afeta as pessoas te reconhecerem na rua?

WB Isso tem um custo. Um custo para a minha segurança. Porque, dependendo dos interesses que você esteja contrariando, dependendo do material que você pôs no ar, você tá correndo risco de vida. Eu já vivi situações de ter que me proteger. Mas hoje não tenho segurança. Em algumas ocasiões, eu precisei. E bota segurança nisso. Eram situações de ameaça. Eu me cuido como posso me cuidar. Não dou "mole", não me exponho. Isso é um custo. Mas evidentemente eu não passo despercebido em nenhum lugar onde vou. Mas isso não é o *Jornal Nacional*. Isso é televisão. TV Globo. Hoje em dia, a audiência está tão pulverizada que... Mas com o *Jornal Nacional* eu estou todo dia na casa do sujeito, no horário nobre. Não sou como um ator, tipo Antônio Fagundes, que faz uma novela, depois não faz outra. Eu não, estou todo dia lá e claro que isso faz diferença. Mas também o *approach* é diferente. As pessoas me enxergam de uma maneira distinta. Não me vêem como artista. Mas, no começo da carreira, eu era muito tímido e tinha uma dificuldade muito grande de lidar com pessoas. A TV me protegia, tem uma lente. Não tô falando com 60 milhões de pessoas. Tô falando para 10, que são os 10 que estão todo dia me ouvindo. Hoje venci isso, eu consigo me desvencilhar. Mas antes eu suava, transpirava muito. Fátima teve um papel fundamental, por me ensinar a lidar com a notoriedade. De ser reconhecido e encarar isso como algo natural, da natureza do meu trabalho e ser cortês. O tempo todo, cortês. Eu tenho de ser um exemplo para as pessoas. O cara que inventou a profissão de âncora no Brasil foi o Gontijo Teodoro. Na sua autobiografia, ele diz que o apresentador de telejornais tem de ter uma postura quase monástica. E eu levei isso muito a sério. Eu não posso passar em sinal vermelho, não posso colocar o carro em cima de calçada, não posso xingar alguém no meio da rua, não posso ser descortês em lugar nenhum aonde eu vá. Eu não posso fazer uma série de coisas que pessoas normais de vez em quando fazem. Eu não posso sonegar imposto, de jeito nenhum. É o jogo, o custo. E isso porque eu prezo demais a minha imagem. Não quero ter o meu nome envolvido em coisas assim nunca. E meus filhos são educados para serem cidadãos comuns.

Esta obra foi impressa pela
Markgraph Gráfica e Editora Ltda. em
papel offset — Primapress para a Editora FGV
em maio de 2007.